D0916726

Ce qu'en disent les critiques

«Tous les parents en acte — ou en puissance — trouveront dans
ce livre quelque chose qui les éclairera,
les rassurera ou les incitera à changer de style.»
Hélène Laberge, *L'Agora*

«C'est un encouragement qu'elle envoie à chaque parent
de bonne volonté.»
Liliane Lacroix, *La Presse*

«Un nouveau courant social pour renforcer le tissu social.»
Claire Harting, *Journal de Montréal* et *Journal de Québec*

«Un document de premier ordre.»
Revue *Couple et Famille*

«Le livre de Madame Claire Leduc vient réaffirmer la famille comme lieu
privilégié pour le développement sain et harmonieux de l'enfant.»
Mireille Paradis, t. s., revue *Intervention*,
Ordre professionnel des travailleurs sociaux

«Claire Leduc met en lumière les embûches que doivent surmonter
les parents qui souhaitent demeurer un couple.»
Françoise Genest, «Être parents et demeurer amants?»,
Le Journal de Montréal, Cahier Santé

«Claire Leduc veut aider les parents à instaurer un encadrement
souple mais systématique. En faisant prendre conscience aux parents
des valeurs sur lesquelles ils veulent mettre l'accent.»
Isabelle Grégoire, «L'École des parents. Nos valeurs, celles qui nous
habitent, celles qu'on veut transmettre», *Châtelaine*

«Claire Leduc remarque que les parents d'aujourd'hui sont débonnaires.
Ils sont influencés par le courant psychanalytique, et l'effet pervers
de ce courant, c'est le culte de l'estime de soi.»
Nathalie Collard, «Doit-on croire les livres?», *La Presse*, Cahier Actuel

«C'est pour confirmer les parents dans leurs choix et leur offrir
un modèle cohérent que Claire Leduc, travailleuse sociale et thérapeute
familiale, et muse du Parent entraîneur, a mis sur pied cette formation.»
Sylvia Galipeau, «À l'école des parents», *La Presse*, Cahier Actuel

LE PARENT ENTRAÎNEUR

De la même auteure:

Comment transmettre des valeurs essentielles à nos enfants
Publistar, 1998

The Coaching Parent
(traduction de Gary Caldwell)

Le cœur d'intervenir
(en préparation)

Claire Leduc

Le parent entraîneur

ou

La méthode du juste milieu

Les Éditions
LOGIQUES
QUEBECOR MEDIA

Catalogage avant publication de la Bibliothèque nationale du Canada

Leduc, Claire, 1942-

Le parent entraîneur

3ᵉ éd.

Publ. antérieurement sous le titre: Le parent entraîneur, ou, La méthode du juste milieu. c1994.

Publ. à l'origine dans la coll.: Collection Réalisation.

Comprend des réf. bibliogr.

ISBN 2-89381-924-9

1. Rôle parental. 2. Parents et enfants. 3. Éducation des enfants. 4. Autonomie chez l'enfant. 5. Rôle parental - Aspect psychologique. I. Titre.

HQ755.8.L42 2004   306.874   C2004-941034-2

Correction d'épreuves: Nicole Henri
Mise en pages : Roger Des Roches – SÉRIFSANSÉRIF
Graphisme de la couverture : Christian Campana

LOGIQUES est une maison d'édition agréée et reconnue par les organismes d'État responsables de la culture et des communications. Nous remercions le Conseil des Arts du Canada, le ministère du Patrimoine canadien et la Société de développement des entreprises culturelles du Québec pour leur appui à notre programme de publication. Nous reconnaissons l'aide financière du gouvernement du Canada par l'entremise du Programme d'aide à l'industrie de l'édition (PADIÉ) pour nos activités d'édition. Gouvernement du Québec – Programme de crédit d'impôt pour l'édition de livres – Gestion SODEC.

Les Éditions LOGIQUES
7, chemin Bates, Outremont (Québec) H2V 4V7
Téléphone: (514) 270-0208 • Télécopieur: (514) 270-3515

Distribution au Canada:
Québec-Livres, 2185, autoroute des Laurentides, Laval (Québec) H7S 1Z6
Téléphone: (450) 687-1210
Télécopieur: (450) 687-1331
Distribution en France:
Casteilla/Chiron, 10, rue Léon-Foucault, 78184 Saint-Quentin-en-Yvelines
Téléphone: (33) 01 30 14 19 30
Télécopieur: (33) 01 34 60 31 32

Distribution en Belgique:
Diffusion Vander, avenue des Volontaires, 321, B-1150 Bruxelles
Téléphone: (32-2) 761-1216
Télécopieur: (32-2) 761-1213
Distribution en Suisse:
TRANSAT SA – Distribution Servidis s.a., Chemin des Chalets
CH-1279 Chavannes-de-Bogis, Suisse
Téléphone: (022) 960-9510
Télécopieur: (022) 776-3527

© Les Éditions LOGIQUES inc., 2004
Dépôt légal: troisième trimestre 2004
Bibliothèque nationale du Québec
Bibliothèque nationale du Canada
ISBN 2-89381-924-9

Je dédie ce livre, avec toute mon affection,
à Laurent, Julie, Éléonore,
Souvanthamaly,
Kéokhamsay, Kanitha, Malida, Billy.

NOTE DE L'ÉDITEUR

Dans cet ouvrage, l'utilisation du masculin a pour but d'alléger le texte pour en faciliter la lecture.

Toutefois, dans certains contextes qui s'y prêtent davantage, le féminin est privilégié, et ce, pour mieux refléter la réalité décrite.

Préface

S I UN RÔLE a gagné en complexité au cours des trente dernières années, c'est bien celui de parent. Il se décline aujourd'hui en une panoplie de modèles, du plus simple au plus complexe, en fonction du type de famille dans lequel il s'inscrit. Mais qu'il officie dans une cellule traditionnelle, monoparentale, éclatée ou recomposée, le parent n'en a pas moins l'obligation de bien encadrer son enfant pour le mener, à terme, vers une vie d'adulte équilibrée.

Ballotté entre le rejet des méthodes autoritaires d'autrefois et le laisser-aller quasi généralisé des années 80 et 90, le parent du XXIᵉ siècle se cherche. Avec souvent moins de temps à consacrer à son enfant, plus de pression sociale pour réussir professionnellement, mais avec toujours le désir sincère de permettre à sa progéniture de s'épanouir à l'intérieur de limites acceptables pour toute la famille. Pour ce faire, il n'a souvent d'autre choix que de puiser à droite et à gauche dans les méthodes proposées par des penseurs et des expérimentateurs solides et capables de lui faciliter la tâche.

Claire Leduc est de ceux-là. À partir de son expérience personnelle, de ses nombreuses consultations avec des parents, de sa présence constante dans les médias et de son École de Parents, elle n'a eu de cesse de peaufiner sa méthode du *Parent entraîneur*. De nombreuses fois, j'ai eu l'occasion de l'interviewer, de l'écouter m'exposer la technique qu'elle a développée et qui suscite chaque fois une réponse spontanée, intéressée et enthousiaste du public.

Dans un langage simple, elle propose une méthode adaptée aux différentes étapes de la vie de l'enfant, jusqu'à l'âge adulte. Elle accompagne également les parents dans l'analyse de leur évolution personnelle et de leur capacité d'atteindre leurs objectifs. Sans oublier de leur indiquer, le moment venu, les ressources d'aide adéquates. Elle a pour principe qu'être parent n'est pas inné, mais apprendre à le devenir est possible, pour qui le veut sincèrement.

LOUISE DESCHÂTELETS

Avant-propos
Dix ans plus tard...

LORSQUE PARUT *Le Parent entraîneur* en 1994, ce volume proposait aux parents, éducateurs et thérapeutes un nouveau courant de pensée sur l'éducation des enfants. Cette méthode servait de solution de rechange aux courants autoritaires traditionnels largement dépassés ainsi qu'aux nouveaux courants débonnaires qui connaissaient leurs premiers déboires par le développement fort malheureux d'enfants-rois. Pourquoi ne pas trouver le «juste milieu»?

Pour ce faire, *Le Parent entraîneur* présente une méthode structurante permettant de rectifier le tir pour ne plus tomber dans les pièges de la dictature ou de la négociation sans fin.

Lors de conférences, de cours, de formations professionnelles, de thérapies familiales ou dans Internet, les parents reconnaissent leurs besoins de repères et d'ancrages puisés à même leur culture. Pour qu'un être humain soit en possession de tous ses moyens, l'intégration de valeurs telles que le respect, l'honnêteté, le partage et le travail bien fait paraît essentielle.

Les courants de pensée des années 1980 ont mis l'accent sur l'inconscient, la communication et le développement de l'enfant à son rythme. Ces découvertes fondamentales enrichissent effectivement la connaissance de l'âme humaine. Mais en voulant éviter les souffrances d'une éducation trop sévère, on a collectivement éliminé les valeurs morales et humaines tels le sens de l'effort, l'attention, le jugement et la spiritualité. Seules les données fournies par le «ressenti» et le «vécu» étaient considérées. Le coût de ce réductionnisme est élevé.

Pour pallier les excès, *Le Parent entraîneur* continue d'offrir la possibilité d'intégrer les nouvelles découvertes liées aux théories de la communication tout en allant chercher dans l'histoire de l'humanité les richesses qui apportent maturité et dignité. Car, dans toute famille, malgré les mémoires névrotiques, il existe des valeurs positives et des talents que même les parents les plus démunis cherchent à transmettre mais sans savoir comment. *Le Parent entraîneur* propose une façon concrète de le faire. Sans truc à la mode, mais avec un ensemble d'attitudes, de moyens et d'outils à utiliser selon le bon jugement de chacun.

Les témoignages continuels des nouveaux Parents entraîneurs et de leurs enfants contiennent des éléments intéressants: la diminution du sentiment de culpabilité lorsque les interventions reposent sur les valeurs et la réponse aux besoins fondamentaux, un dialogue productif remplaçant les crises, des règles souples au lieu de négociations perpétuelles, une affection exprimée avec confiance par des parents devenus sécurisants.

Pour les thérapeutes familiaux, *Le Parent entraîneur* sert de cadre de référence pouvant donner une nouvelle impulsion au système familial. En plus d'une écoute approfondie, on y trouve des solutions aux problèmes.

Le développement de l'approche du Parent entraîneur s'est fait grâce à la complicité de nombreuses personnes qui y adhèrent par le cœur et l'esprit, et avec un dévouement sincère. Répondant aux besoins actuels, cette façon de penser et d'agir crée, année après année, un morceau de tissu social de grande qualité. Les Parents entraîneurs forment des personnes ayant le sens des valeurs et de l'organisation, capables de maîtriser leurs émotions et de s'épanouir sur le plan personnel et social.

Chapitre 1
Être parent aujourd'hui

D ANS LE FEU DE L'ACTION, les parents ressentent continuellement la responsabilité de l'éducation de leurs enfants et sont l'objet d'un stress important même lorsque tout va bien. «Parent un jour, parent toujours»; celui qui crée des liens avec ses enfants en les mettant au monde, les crée à jamais. Même s'il espace les contacts avec eux, ces liens se perpétuent tout au long de leur existence. Même si les relations parents-enfants connaissent parfois de fortes fluctuations, en général, l'expérience de parent peut être positive et enrichissante.

Toutefois, certains sont déçus, car ils attribuent les échecs des jeunes à leur mode de vie non conforme à leur vision, ou le peu de plaisir ou de succès qu'ont leurs enfants dans la vie à leurs carences personnelles.

Peu de moyens efficaces sont mis à la disposition des parents et éducateurs, qui sont souvent démunis et impuissants face aux générations montantes et à la rapide évolution de notre société. Les multiples conférences que j'ai données au Québec, en France, en Ontario, au Manitoba, au Nouveau-Brunswick témoignent de cet urgent besoin ainsi que de la pénurie d'instruments appropriés en matière d'éducation des enfants. De nombreux parents, éducateurs, travailleurs sociaux et psychologues m'ont aussi demandé de leur exposer les fondements de la méthode d'éducation du *Parent entraîneur*. C'est avec le sentiment de rendre à la société ce qu'elle m'a apporté de connaissances par mon travail auprès de parents et de familles et avec une joie profonde que je vous propose le fruit de mon expérience ainsi que le résultat de mes études et réflexions.

Cette méthode a été expérimentée dans ma vie personnelle et professionnelle bien avant de prendre la forme de ce livre. Le modèle du *Parent entraîneur* s'est développé graduellement au cours de mes consultations avec des centaines de parents, de jeunes et de familles que j'ai rencontrés en psychothérapie conjugale et familiale. J'en ai constaté les résultats positifs, rapides et durables. En m'appuyant sur tout ce travail de consultation, je présente un message qui apportera sûrement un soutien aux pères et aux mères qui le liront!

Voici les deux principes de base qui font d'un parent un véritable entraîneur[1]:

1. *L'éducation a pour but premier l'autonomie de l'enfant dans l'interdépendance.*
2. *Des valeurs claires, quand elles sont véhiculées avec amour, se transmettent des parents aux enfants.*

Deux corollaires découlent de ces principes:

A) *Transmettre correctement des valeurs est essentiel pour nourrir l'âme des enfants et les amener à l'autonomie.*
B) *Omettre de transmettre des valeurs ou les transmettre incorrectement compromet le développement des enfants.*

Par mes évaluations et mes interventions en thérapie familiale, j'ai conclu qu'un *Parent entraîneur* remplit trois besoins essentiels: la santé-sécurité, l'affection, l'éducation.

Nous verrons plus loin comment le *Parent entraîneur* répond à ces trois besoins complémentaires de ses enfants.

Le *Parent entraîneur* est, pour le moment, le seul modèle qui explique avec autant de précision les besoins d'affection et d'éducation.

1. Dans le texte, le mot «parent» désigne homme ou femme. L'auteure a choisi ce terme masculin volontairement afin d'attirer l'attention des pères et les inviter à prendre la place qui leur revient dans l'éducation de leurs enfants.

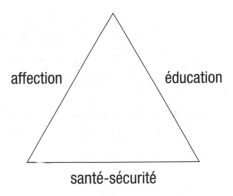

Les trois besoins essentiels des enfants

Auparavant, je vous présenterai un outil qui vous aidera à identifier les styles de comportement que vous adoptez généralement vis-à-vis de vos enfants. Vous aurez alors l'occasion de faire d'honnêtes prises de conscience en saisissant mieux les conséquences favorables ou néfastes de vos attitudes. Un thermomètre vous aidera à visualiser votre style, ainsi que vos manques et vos excès.

Le *Parent entraîneur* agit en adulte responsable et recherche un juste milieu dans ses fonctions de parent. Cet équilibre fait en sorte que les enfants pourront s'appuyer sur un adulte qui offre de la sécurité. Mais le rôle de cet adulte consiste aussi à encourager le jeune à assumer son autonomie, à voler de ses propres ailes avec confiance. «Vous êtes les arcs par qui vos enfants, comme des flèches vivantes, sont projetés», nous dit Khalil Gibran dans *Le Prophète*. Nos enfants sont d'autant mieux organisés dans la vie que nous avons pu les éduquer de façon appropriée. Le parent est donc la base solide de qui l'enfant devenu autonome peut se distancier.

Grâce à cette approche, vous pouvez inclure les valeurs que vous désirez transmettre à vos enfants; les exemples donnés reflètent probablement mes valeurs et celles des personnes que j'ai rencontrées. Le choix de ses valeurs est une question à la fois personnelle et sociale qui découle d'une culture sans cesse en évolution et en lien avec celle de la génération précédente. Cette lecture sera l'occasion pour chaque parent d'identifier ses valeurs… et celles de son conjoint. Ce peut être pour les parents l'occasion d'une remise en question pour mieux choisir les valeurs à transmettre.

Le *Parent entraîneur* n'ignore pas les scénarios malsains transmis de génération en génération ni les aspects pénibles de certaines relations initiales avec ses enfants et ses propres parents. Mais il saisit vigoureusement les forces de sa famille et profite des ressources à sa disposition.

Bien équipés avec les instruments du *Parent entraîneur*, nous franchirons par étapes le développement de l'enfant, de l'adolescent et du jeune adulte.

J'aborderai les problèmes actuels les plus fréquents, particuliers aux familles complètes, aux familles monoparentales, aux familles de parents séparés ou divorcés et aux familles recomposées.

Enfin, je vous décrirai la thérapie familiale et les services qu'elle peut rendre. Je décrirai les situations pour lesquelles je suis consultée le plus souvent comme thérapeute familiale et j'indiquerai les moyens les plus efficaces pour arriver à effectuer des changements significatifs.

Les difficultés

Le parent se sent mal à l'aise dans son nouveau rôle: il ne sait pas trop s'il agit dans l'intérêt de son enfant et de la famille. Il ne désire pas répéter les erreurs dont il a lui-même souffert dans son enfance. Mais comment agir, alors?

Sa responsabilité dure environ vingt ans et il doit être présent chaque jour, chaque heure, chaque instant. Certaines étapes sont faciles, d'autres difficiles à traverser. Le parent est fréquemment l'objet de mépris et de critiques de la part de la parenté, des amis, des professeurs et des voisins. Rarement reçoit-il encouragement et soutien.

Cette situation le touche profondément et le place inéluctablement face à ses forces mais aussi à ses limites comme à ses problèmes personnels de souplesse, de maturité ou même de rancunes non liquidées à l'égard de ses propres parents.

Le rôle de parent amène encore des déceptions concernant le développement de l'enfant, par exemple lorsqu'il fait face à un problème d'apprentissage à l'école ou à une adolescence rebelle ou désorientée. Ces situations soulèvent des sentiments de culpabilité, d'anxiété et d'échec.

Élever des enfants nécessite des ajustements continuels, avec des périodes stables et heureuses et des moments de crise. Certains ont plus de difficulté à agir avec souplesse et fermeté. Parfois, des épreuves assaillent la famille et les parents se sentent plus vulnérables, mais ils peuvent s'en sortir plus forts.

Plusieurs couples se séparent et les familles se dissolvent. Dans les familles recomposées, les parents se sentent souvent désorientés. Parfois, le nouveau conjoint reste indifférent ou agit différemment, puisque l'enfant ne l'attire pas spécialement ou que les conflits sont nombreux. Le dialogue, souvent, est coupé avec l'autre parent qui ne peut évaluer les situations quotidiennes puisqu'il n'y participe plus. L'enfant y est quelquefois malmené et les parents en souffrent.

Les joies

Élever un enfant est un défi qui exige le dépassement et donne l'occasion d'évoluer dans ses convictions les plus profondes.

Être en relation avec une personne distincte et qui lui ressemble tout à la fois oblige le parent d'abord à se connaître davantage, puis à accepter et à respecter les différences. Rester en contact intime avec des personnes d'une génération qui le suit ouvre au parent des mondes qui lui seraient inconnus autrement: les problèmes de la société actuelle, la musique contemporaine, les techniques nouvelles, etc.

Donner la vie et créer des liens aussi profonds amènent le parent à apprivoiser le mystère de la vie et à saisir l'importance de l'amour universel. Il se sent solidaire de tous les parents du monde.

Revivre à travers son enfant chaque étape de l'évolution humaine confronte le parent à son passé et lui donne parfois l'occasion de régler de vieux problèmes et d'acquérir plus de maturité.

Laisser parler son cœur d'enfant à l'occasion d'activités familiales et de jeux en compagnie de ses enfants apporte des joies intenses aux parents.

S'engager affectivement reste le meilleur antidote contre la décadence d'un monde matérialiste et compétitif où les drogues servent d'évasion. C'est une raison de vivre, de garder courage et d'améliorer la qualité de sa vie et celle de son entourage. Développer le sens des valeurs devient une urgence.

Mettre au monde des enfants, transmettre des valeurs, répondre à des questions sur le sens de la vie amènent le parent à s'interroger sur la dimension spirituelle ou transcendante de la vie.

Petite histoire

Cet ouvrage se veut la réponse à la demande de nombreux téléspectateurs de l'émission *Au jour le jour* de Radio-Canada. La chronique «Comme parents: découvrons notre style» suivie du «Courrier du Parent entraîneur» a connu un grand succès, si on se fie à la volumineuse correspondance qu'elle a suscitée. La vidéocassette produite en 1988 par les Entreprises Radio-Canada à partir de cette émission sert d'outil d'animation auprès de nombreux groupes d'entraide, dans des centres locaux de services communautaires (CLSC), des maisons d'hébergement pour femmes en difficulté, des commissions scolaires et des colloques de formateurs en relation parents-enfants.

Maintenant, de plus en plus, au Québec, au Nouveau-Brunswick, en Ontario et en France, ce modèle d'intervention et d'éducation prend de l'expansion: il correspond aux aspirations des parents, des intervenants et des éducateurs qui constatent les effets pervers des courants d'éducation laxistes qui ont favorisé le développement d'enfants-rois fort malheureux et décevants.

Chapitre 2
Un ou deux questionnaires pour découvrir son style

POUR S'AMÉLIORER, il est d'abord essentiel d'évaluer et de bien connaître son degré d'évolution pour pouvoir ensuite soit changer de direction, soit continuer dans la même orientation. Regarder correctement et honnêtement ses façons de faire avec ses proches constitue une prise de conscience salutaire, même si elle est pénible lorsque l'image reflétée déçoit. Cette étape permet d'avancer positivement.

Plusieurs parents ont exprimé une grande anxiété avant de remplir le questionnaire. Pourtant, en mobilisant bien ses émotions, en saisissant ses forces et en utilisant ses énergies en les canalisant dans une direction constructive, on peut devenir un *Parent entraîneur.*

Ce guide contient deux questionnaires, l'un pour les parents de bébés et de jeunes enfants (de 0 à 11 ans), l'autre pour les parents d'adolescents et de jeunes adultes (de 11 à 25 ans). Vous choisissez celui qui correspond à l'âge de vos enfants; si vous avez des enfants dans les deux groupes d'âge, vous pouvez répondre aux deux. Les attitudes des parents diffèrent fréquemment avec le changement d'âge de leurs enfants; vous pouvez découvrir que vous adoptez des styles très différents lorsque vous vous adressez à votre adolescent ou à votre jeune enfant. Une réflexion s'impose donc, même avant de commencer à y répondre. Ce questionnaire s'applique tout aussi bien aux parents de familles recomposées et requiert d'eux les mêmes conditions, soit: le désir de se connaître et l'honnêteté.

Comment procéder

Pour remplir le ou les questionnaires, il suffit de lire attentivement la situation décrite et d'encercler le chiffre qui correspond à votre réaction la plus probable. Choisissez une seule réaction pour chaque situation décrite. Si vous hésitez entre deux réactions dans une situation, choisissez la plus plausible, la plus probable.

Bien entendu, il ne faut lire la façon de compiler et d'analyser ses résultats qu'après avoir rempli le questionnaire.

Lorsque vous aurez terminé, je vous indiquerai comment compiler et analyser vos résultats.

Questionnaire 1
Pour les parents de bébés et de jeunes enfants

Situation

1. *Votre fille, âgée de 6 mois, se réveille sept fois par nuit: elle est légèrement fiévreuse et elle «fait ses dents».*

Choix

1. Depuis sa naissance, vous êtes surmené(e), énervé(e), épuisé(e). Au bout de six nuits, vous perdez les pédales et vous la frappez, car vous trouvez qu'elle vous en demande trop.
2. Vous ne l'entendez pas, car vous dormez profondément. Même votre conjoint n'arrive pas à vous réveiller.
3. Vous la bercez toute la nuit, trouvant qu'elle fait pitié; vous trouvez que c'est dur de voir souffrir son propre enfant.
4. Vous lui donnez les soins appropriés durant une quinzaine de minutes, une ou deux fois, affectueusement, mais lui indiquez que c'est la nuit et qu'elle doit essayer de dormir.
5. Vous la bercez durant une heure, mais la laissez pleurer un peu puisque vous avez aussi besoin de repos et qu'elle peut supporter de rester seule ainsi.

Situation

2. *Vos deux filles, âgées respectivement de 4 et 2½ ans, se disputent continuellement quand elles prennent leur bain ensemble.*

Choix

6. Vous leur donnez leur bain à tour de rôle, en leur expliquant que des petites sœurs doivent s'accorder.
7. Vous demandez à votre gardienne ou votre conjoint(e) de s'acquitter de cette tâche désagréable.
8. Vous prenez le temps de jouer avec elles tout en les lavant pour changer le climat graduellement.
9. Vous les lavez rapidement et leur donnez la fessée à cause de leurs cris.
10. Vous mettez un baladeur sur vos oreilles et les laissez se disputer puisque c'est leur choix.

Situation

3. *Depuis un an, vos trois enfants, âgés de 9, 10 et 12 ans, vous désobéissent continuellement, vous répondent avec arrogance, jouent de vilains tours, font des vols, du désordre et de la saleté.*

Choix

11. Vous les laissez faire, espérant qu'avec le temps ils deviendront plus dociles.
12. Vous cherchez à changer le climat petit à petit, par des discussions sur les conséquences de leurs gestes et sur vos attentes au sujet de leur comportement.
13. Vous les mettez en pension pour qu'ils reçoivent enfin une bonne éducation, ce qui a aussi pour effet de les séparer durant la semaine.
14. Vous établissez des règlements assortis de punitions graves.
15. Vous trouvez qu'à leur âge c'est normal, et vous riez de leurs incartades.

Situation

4. *Vous vous demandez comment entraîner votre fils, âgé de 1 an, à aller aux toilettes.*

Choix

16. Aussitôt qu'il semble avoir envie d'uriner, vous courez lui mettre le pot sous les fesses.
17. Vous prévoyez que, lorsqu'il aura deux ans et que ses sphincters seront prêts, vous prendrez une semaine ou deux pour l'entraîner.
18. Vous vous dites que, de toute façon, un jour il sera propre et ne l'initierez qu'au moment où il demandera le pot.
19. Vous demandez à la gardienne d'y voir, trouvant que c'est trop de travail pour vous.
20. Vous le grondez chaque fois que vous trouvez sa couche ou sa culotte salie.

Situation

5. *Votre fille, âgée de 2 ans, dit «non» sans arrêt. Elle repousse son assiette à chaque repas, refuse de prendre son bain, de donner des bises, d'utiliser son pot. C'est pire depuis la naissance de son frère, âgé de 3 mois.*

Choix

21. Vous la bercez un peu plus souvent, trouvant que c'est beaucoup d'adaptation pour un aussi petit bout de chou.
22. Vous l'isolez dans le coin de la pièce où vous êtes pour qu'elle apprenne à obéir et à donner l'exemple à son frère.
23. Cette semaine, vous lui administrez trois fessées, car vous croyez qu'il ne faut pas qu'elle vous mène par le bout du nez.
24. Vous la bercez un peu plus, mais vous maintenez un minimum d'exigences telles que le bain, une bise au coucher et un ou deux pipis par jour dans le pot.
25. Vous l'envoyez à la garderie, car c'est trop fatigant pour vous; vous trouvez que deux enfants, c'est beaucoup trop de travail.

_____

Situation

6. *Votre fille, âgée de 9 ans, refuse de saluer les visiteurs, amis, tantes, oncles; elle ne parle qu'à ses amies et rit des adultes; elle leur vole de petits objets (monnaie, allumettes, cigarettes), juste pour s'amuser.*

Choix

26. Elle vous rappelle des espiègleries drôles et inoffensives de votre propre enfance et vous riez de ses petits coups.
27. Vous n'aimez pas les petites tendances délinquantes de votre fille, vous faites de sérieuses mises au point et insistez fermement pour qu'elle salue poliment les visiteurs et respecte leurs biens.
28. Vous la privez d'argent de poche et de sorties durant un mois, craignant qu'elle ne devienne délinquante.
29. Vous lui faites honte devant les visiteurs et discutez de son cas devant elle, avec des personnes peu intimes de la famille.
30. Ce sont vos visiteurs qui vous informent des vols et vous n'en faites aucun cas.

———————————

Situation

7. *Votre fils, âgé de 5 ans, ne vous a jamais quitté(e); il refuse d'aller à la maternelle, prétextant qu'il a mal au ventre et préfère passer ses journées avec vous.*

Choix

31. Vous l'y conduisez durant la première semaine et demandez à son éducatrice de vous aider à vous en séparer avec le moins de drame possible.
32. Vous vous dites que la maternelle n'est pas obligatoire, que vous pouvez lui offrir des activités éducatives à la maison et attendez l'année suivante.
33. Vous le mettez de force dans l'autobus scolaire et lui expliquez qu'il devra s'habituer à l'école bientôt.
34. Vous demandez à une autre personne de le conduire, cela vous cause moins d'émotions ainsi.
35. Comme il a beaucoup pleuré, vous le privez de télévision et le couchez à 19 heures.

Situation

8. *Votre bébé vient de naître, vous désiriez une fille et c'est un garçon. De plus, vous trouvez qu'il ressemble à votre belle-mère qui a trop gâté votre conjoint(e). Vous n'arrivez pas à vous attacher à l'enfant et vous vous sentez nonchalant(e).*

Choix

36. Vous acceptez votre déception, réglez le problème avec votre conjoint(e), regardez attentivement ce nouveau bébé et commencez à lui trouver des côtés attachants. Vous faites un petit effort pour vous en occuper davantage.
37. Vous vous dites que c'est normal d'aimer plus ou moins son enfant et qu'avec le temps tout s'arrangera.
38. Votre patron vous offre une promotion, vous l'acceptez puisqu'ainsi vous serez moins souvent à la maison et moins confronté(e) à ces sentiments dérangeants.
39. Vous ne voulez pas qu'il ait le caractère de votre belle-mère. Vous le mettez à votre main en le laissant pleurer la nuit et vous en prenez peu soin.
40. Déprimé(e), agressif(ve), révolté(e), chaque fois qu'il pleure, vous avez envie de le frapper; parfois, vos gestes dépassent vos intentions.

Situation

9. *Vous êtes divorcé(e) de la mère (du père) de vos enfants. Lors de leurs sorties très fréquentes chez l'autre parent, vos enfants ne se lavent les dents qu'une fois par jour et sommairement. Chez vous, ils utilisent quotidiennement la soie dentaire en plus d'un brossage complet après chaque repas et au coucher.*

Choix

41. Vous faites des reproches à votre ex-conjoint(e) et aux enfants chaque semaine à ce sujet.

42. Vous faites part clairement à votre ex-conjoint(e) et à vos enfants de l'importance de passer la soie dentaire tous les jours et le faites avec eux sous forme de jeux après chaque sortie.

43. Vous démissionnez, vous disant qu'il est inutile d'insister.

44. Vous vous dites que chacun a droit à sa conception de l'hygiène dentaire et vous laissez vos enfants libres de passer la soie dentaire ou non.

45. Vous punissez vos enfants chaque fois qu'ils omettent de se brosser les dents en les privant de leur argent de poche de la semaine ou de leur émission préférée.

Situation

10. *Vous arrivez exténué d'une journée de travail. Malgré vos demandes répétées, votre fils, âgé de 8 ans, et votre fille, âgée de 10 ans, n'ont même pas commencé à mettre la table pour le repas, tel que convenu.*

Choix

46. Vous les réprimandez vertement, les envoyez dans leur chambre et leur interdisez de sortir ce soir-là.

47. Vous respirez profondément pour vous calmer, prenez de leurs nouvelles et insistez pour que ce travail soit fait le plus tôt possible, tel que convenu.

48. Sans ambages, vous fermez le téléviseur et les forcez à faire cette tâche sur-le-champ.

49. Vous laissez faire, trouvant que la vie leur réserve suffisamment de difficultés dans l'avenir et vous respectez leur choix.

50. Vous vous plaignez à votre conjoint ou votre meilleur ami, sans intervenir.

Situation

11. *Votre fils, âgé de 7 ans, est considéré «hyperactif» par les enseignants et les professionnels de l'école. Ces derniers demandent que le pédiatre prescrive un médicament psychotrope, sinon ils le placeront dans une classe de mésadaptés.*

Choix

51. Trouvant que toutes ces personnes exagèrent, vous inscrivez votre fils dans une école privée où il sera pensionnaire et où on n'aura pas de préjugé à son égard.

52. Vous pensez que le programme régulier est trop exigeant. Vous demandez son transfert dans une école alternative où il aura toute liberté de choix.

53. Vous faites confiance au personnel de l'école et à votre pédiatre; vous donnez régulièrement le médicament à l'enfant, de qui vous exigez plus d'obéissance à l'école et à la maison.

54. Découragé(e) par ces mauvaises nouvelles, vous le couchez à 19 h 30 tous les soirs après une demi-heure de remontrances et d'explications quotidiennes sur le calme et la discipline.

55. Vous supprimez le sucre blanc, qui a tendance à l'exciter, et entreprenez une thérapie familiale brève pour régler son problème tout en modifiant vos attitudes.

Situation

12. *Votre fille, âgée de 9 ans, ne veut pas vieillir. Elle aime être traitée comme un bébé, reste à la maison, manque souvent l'école à cause de maux de ventre, refuse de se faire des amies. C'est votre fille unique, elle est adorée par la famille.*

Choix

56. Vous vous rendez compte dans le fond de vous-même que vous n'aimez pas la voir grandir, et la perspective de vous en séparer plus tard vous effraie. Vous avez l'impression que vous êtes tous(tes) les deux complices de la situation et vous l'acceptez.

57. Trouvant qu'elle exagère, vous la mettez en pension pour qu'elle apprenne à devenir «une grande fille».

58. Vous suivez son rythme de croissance, d'autant plus qu'au travail vous venez d'obtenir une promotion qui vous accapare.

59. Graduellement, vous l'amenez à faire des activités qui l'intéressent, comme le patinage artistique, et vous la valorisez lorsqu'elle s'y adonne.

60. Humilié(e) par son comportement, vous discutez de son retard devant la famille pour qu'elle comprenne qu'elle doit se dégourdir.

Situation

13. *Votre fils, âgé de 4 ans, prononce mal la plupart des mots; il parle beaucoup et s'excite. À la garderie, l'éducatrice vous mentionne qu'il est loin d'être prêt pour la maternelle.*

Choix

61. Comme les garçons sont plus lents que les filles pour apprendre à parler, vous vous dites que cela se réglera tout seul et le laissez jargonner à sa guise.
62. Vous l'envoyez dans sa chambre lorsqu'il exagère ses baragouinages. Il faut qu'il soit prêt pour la maternelle.
63. Vous craignez de lui causer un blocage émotif en insistant sur la prononciation; vous le laissez donc exprimer ses émotions sans intervenir.
64. Le soir avant le coucher, vous prenez un dictionnaire illustré et vous jouez à bien prononcer les mots.
65. Vous lui faites apprendre des fables de La Fontaine pour lui donner de la culture.

Situation

14. *Votre fils, âgé de 8 ans, adore les animaux. Il arrive avec un autre chaton égaré; il veut l'adopter. C'est le troisième depuis un an: les deux autres, cependant, ont disparu.*

Choix

66. Comme vous n'aimez pas les animaux, vous refusez d'accueillir un nouveau pensionnaire.
67. Vous trouvez que c'est bon pour son développement affectif et vous vous engagez à soigner le chaton.
68. Cette fois, vous passez un contrat avec lui: ce chaton sera sous sa responsabilité quotidienne. De plus, l'animal n'a pas le droit d'aller dans les chambres à coucher.
69. Ce troisième chaton est de trop: la nuit, pendant que votre fils dort, vous allez en voiture le déposer dans un autre quartier.
70. Vous lui expliquez que les animaux détruisent le mobilier et vous l'obligez à abandonner le chaton.

Situation

15. *Vous remarquez que le corps de votre fille, âgée de 11 ans, change. Il est possible que ses premières menstruations commencent plus tôt que prévu.*

Choix

71. Vous la mettez en garde contre les abuseurs sexuels qui rôdent autour des adolescentes.
72. Vous lui offrez un livre sur l'éducation sexuelle préparé à l'intention des enfants.
73. Vous pensez qu'il vaut mieux ne pas la prévenir trop tôt, cela risque de l'affoler.
74. En bavardant comme d'habitude, vous lui faites part de vos observations, allez avec elle lui acheter des serviettes hygiéniques et répondez à ses questions sur la sexualité.
75. Vous jugez qu'elle est trop jeune pour savoir la signification des menstruations et lui proposez des règles de morale, comme mieux se tenir pour ne pas agacer les hommes.

Situation

16. *Votre fils, âgé de 9 ans, fait partie d'un groupe de petits gars qui ont commencé à voler.*

Choix

76. Vous trouvez que c'est bien de son âge d'agir ainsi; après tout, il n'aura pas à vous obéir toute sa vie.
77. Vous le gardez à la maison puisqu'il n'arrive pas à se faire de meilleurs amis.
78. Vous proposez une rencontre entre les parents afin d'orienter positivement les activités des enfants. Par exemple: les initier au soccer sur le terrain de jeu du quartier.
79. Presque tous les soirs, vous lui expliquez que l'obéissance et l'honnêteté sont des valeurs importantes à intégrer si l'on veut être un homme.
80. Comme vous revenez de travailler vers 19 heures et que vous êtes épuisé, vous choisissez de le laisser faire sans intervenir.

Situation

17. *Votre fils, âgé de 6 ans, a une passion: il veut devenir gymnaste. Il fait continuellement des pirouettes.*

Choix

81. Vous trouvez qu'il est bien jeune pour décider de son avenir et l'obligez à se calmer.
82. Vous l'encouragez à suivre des cours de gymnastique dans un excellent centre tout en lui demandant de bien s'appliquer à l'école.
83. Il est sûrement une future vedette, vous l'encouragez à faire toutes sortes d'exercices selon son imagination.
84. Vous trouvez qu'il exagère et vous l'empêchez de sauter parce que cela vous dérange.
85. Vous pensez que les enfants ne peuvent avoir de véritables goûts personnels et vous ignorez sa passion.

Situation

18. *Votre fille, âgée de 2 mois, ne dort pas la nuit mais dort le jour. Cela dure depuis une semaine. Vous commencez à être épuisé.*

Choix

86. Vous respectez son rythme, persuadé qu'éventuellement elle se replacera d'elle-même.
87. Toute la journée, vous conservez l'appareil radio allumé pour lui rendre le sommeil difficile.
88. De jour, lorsque vous l'allaitez, vous allongez ces périodes alors que, la nuit, vous ne vous en occupez pas longtemps.
89. Vous l'ignorez la nuit, tandis que le jour vous la réveillez de façon à ce qu'elle comprenne.
90. Pour vous reposer, vous demandez à votre mère de la prendre quelques jours.

Situation

19. *Votre fille, âgée de 16 mois, fouille partout sans se souvenir de vos interdictions. Hier, elle a grimpé dans la bibliothèque.*

Choix

91. Quel âge! Votre fille est un véritable tourbillon! Vous avez envie de la mettre au congélateur, le temps qu'elle devienne plus raisonnable. Alors, vous la laissez dans son lit.
92. Comme elle ne se souvient pas de vos interdits, vous la mettez dans un parc pour bébés durant une grande partie de la journée.
93. Vous la surveillez durant ses activités. Pendant la préparation des repas, vous la mettez dans un parc pour bébés.
94. Vous pensez que les garderies sont mieux aménagées que votre maison pour les enfants de cet âge et vous l'y envoyez tous les jours.
95. Elle vous émerveille, vous admirez sa débrouillardise et ses initiatives, et vous l'encouragez.

SI VOUS ÊTES UNE FEMME

Situation

20 A. *Au moment de l'accouchement, votre mari désire couper le cordon ombilical et faire un massage au bébé peu après sa naissance.*

Choix

96. Vous pensez que cela va déranger le personnel du centre hospitalier et lui demandez d'attendre le retour à la maison.
97. Émue, vous embrassez votre mari, vous acquiescez aussitôt à sa demande; vous croyez que ce nouveau père sera un partenaire merveilleux.
98. L'accouchement étant une affaire de femme, vous exigez qu'il demeure dans la salle d'attente.
99. Vous lui interdisez l'accès à la salle d'accouchement, trouvant ces idées trop avant-gardistes.
100. Vous décidez de faire l'accouchement à la maison: l'intimité de votre amour sera ainsi préservée.

SI VOUS ÊTES UN HOMME

Situation

20 B. *Le médecin qui accouchera votre femme vous offre de couper le cordon ombilical et de masser l'enfant peu de temps après sa naissance.*

Choix

96. Vous trouvez que le médecin n'est pas très scientifique; vous refusez, de crainte de contaminer l'enfant et vous vous contentez d'assister passivement.
97. Heureux de participer d'aussi près à l'événement, vous apprenez comment faire des massages aux nouveau-nés.
98. Comme votre père, vous trouvez que votre place est dans la salle d'attente et refusez de participer.
99. L'accouchement coïncidera probablement avec un voyage d'affaires important; c'est préférable de décliner l'offre.
100. Vous tentez de convaincre votre femme d'accoucher à la maison: l'expérience en serait encore plus intense.

Compilation et évaluation

Compilez vos résultats

1. Pour chacune des vingt situations, encerclez sur la feuille d'évaluation de la page suivante les nombres correspondant à vos choix.

2. Pour chacun des groupes **A**, **B**, **C**, **D** et **E**, faites le total des nombres encerclés et multipliez ce total par 5. Ainsi, vous obtiendrez un pourcentage.

   Par exemple: si, dans le groupe **C**, vous avez encerclé 4 nombres, vous obtiendrez 4 x 5 = 20 %.

Feuille d'évaluation
Pour les parents de bébés et de jeunes enfants

Encerclez vos choix   *Total des nombres*   *Pourcentage*
                                   encerclés

A	1	9	14	20	23		
	29	35	40	45	46		
	54	60	62	69	71		
	77	84	89	91	98	__ x 5 =	__%

B	4	6	13	16	22		
	28	33	39	41	48		
	53	57	65	70	75		
	79	81	87	92	96	__ x 5 =	__%

C	5	8	12	17	24		
	27	31	36	42	47		
	55	59	64	68	74		
	78	82	88	93	97	__ x 5 =	__%

D	3	10	15	18	21		
	26	32	37	44	49		
	52	56	63	67	73		
	76	83	86	95	100	__ x 5 =	__%

E	2	7	11	19	25		
	30	34	38	43	50		
	51	58	61	66	72		
	80	85	90	94	99	__ x 5 =	__%

Un ou deux questionnaires pour découvrir son style

Graphique

À remplir par les parents de bébés et de jeunes enfants

Sur le graphique, marquez chacune des colonnes **A, B, C, D** et **E**, selon vos résultats. Chaque case correspond à un type de comportement.

A = abusif
B = autoritaire
C = entraîneur
D = débonnaire
E = absent

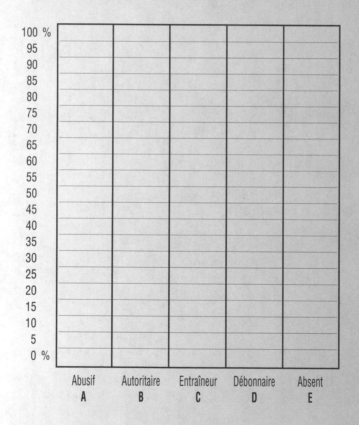

Vous obtenez alors un profil révélant vos attitudes et comportements dominants. Voici un exemple:

Abusif:	0 x 5	=	0 %
Autoritaire:	4 x 5	=	20 %
Entraîneur:	14 x 5	=	70 %
Débonnaire:	2 x 5	=	10 %
Absent:	0 x 5	=	0 %

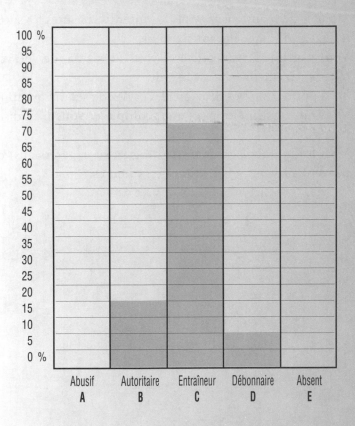

Un ou deux questionnaires pour découvrir son style

Questionnaire 2
Pour les parents d'adolescents et de jeunes adultes

Situation

21. *Votre fils, âgé de 15 ans, s'est rendu au stade pour assister à un concert rock. Il devait rentrer à minuit, il arrive à 4 heures. Il a manqué son dernier autobus et il a marché longtemps. C'est la deuxième fois qu'il agit ainsi.*

Choix

101. À partir de maintenant, vous lui interdisez toutes les sorties hors du voisinage durant six mois.
102. Vous exprimez votre colère et vous lui demandez de vous téléphoner, même si c'est la nuit.
103. Vous dormez sur vos deux oreilles et riez de ses mésaventures.
104. Vous ne vous en êtes pas rendu compte et vous n'en discutez pas.
105. Vous lui indiquez les dangers (drogue, sexe, agressions) qui peuvent survenir entre minuit et 4 heures.

Situation

22. *Votre fille, âgée de 14 ans, vous parle peu depuis un mois: ses nouveaux amis vous paraissent des gens à problèmes: ils s'habillent bizarrement, s'absentent de l'école, évitent de vous saluer et ont les yeux vitreux. Le directeur de l'école vous appelle et vous annonce que votre fille a consommé de la drogue.*

Choix

106. Vous trouvez qu'elle vit une adolescence normale, mais vous comprenez que la communication dans la famille s'est relâchée depuis quelque temps et décidez de reprendre les «soupers-causeries».

107. Vous dites au directeur qu'il se trompe sûrement, puisque vous n'avez pas vu de drogue dans la maison.

108. Chaque jour, vous écoutez attentivement ses propos et la questionnez avec intérêt. Le moment venu, vous lui faites part de vos inquiétudes et de vos attentes. Vous persévérez jusqu'à ce que vous vous sentiez rassuré.

109. Sans discussion, vous lui interdisez toutes les sorties et tous les coups de téléphone pendant deux mois.

110. Vous lui expliquez les dangers de la drogue, lui interdisez de fréquenter ses amis et la menacez de punitions éventuelles.

Situation

23. *Vous recevez la visite de votre fils, âgé de 22 ans, bénéficiaire de l'aide sociale, peu motivé au travail ou aux études: il désire passer la fin de semaine chez vous, puis la semaine en attendant son prochain chèque.*

Choix

111. Vous trouvez qu'il fait pitié et l'accueillez à bras ouverts; il y a tellement de chômage chez les jeunes!

112. Comme il ne vient vous voir que lorsqu'il a des problèmes, vous le renvoyez sur-le-champ.

113. Vous ignorez complètement qu'il est en difficulté et, comme il a les clés de la maison, il peut y rester même si vous partez pour la campagne.

114. Vous l'invitez à un repas et lui faites savoir que vous désapprouvez sa paresse.

115. Vous l'accueillez en prenant le temps de faire avec lui un plan réaliste pour qu'il organise sa vie.

Situation

24. *Votre fils, âgé de 17 ans, est amoureux. Il veut passer la nuit à la maison avec Lise, sa «blonde», qui partagera son lit: ils pourront vivre paisiblement leur affection et leur sexualité.*

Choix

116. Vous les recevez poliment. Pour leur vie sexuelle, ils devront aller à l'hôtel.
117. Vous interdisez fermement à votre fils d'avoir une «blonde» tant qu'il n'aura pas fini ses études. Conformément à vos valeurs, il doit attendre le mariage pour avoir une vie sexuelle.
118. Compte tenu de vos valeurs, vous lui expliquez qu'il peut dormir à la maison avec son amie, mais vous n'accepterez pas qu'il amène une nouvelle fille toutes les semaines.
119. Vous ne savez pas exactement ce qui se passe et cela ne vous préoccupe pas.
120. Vous vous dites que la sexualité, c'est normal, et vous l'invitez à faire ses expériences à la maison.

Situation

25. *Votre fils, âgé de 20 ans, vous annonce en larmes qu'il est porteur du sida. Ceci a été découvert lors d'un don de sang à la Croix-Rouge.*

Choix

121. Vous le traitez d'homosexuel et le chassez de la maison aussitôt.

122. Après mûre réflexion, vous pensez qu'il est préférable qu'il ne fréquente plus la maison pour ne pas contaminer toute la famille et pour éviter de donner le mauvais exemple à ses frères et sœurs, mais prenez de ses nouvelles par téléphone.

123. Vous l'écoutez attentivement, lui faites part spontanément de vos sentiments et l'assurez, comme d'habitude, de votre soutien constant dans cette épreuve, de votre collaboration et de celle des autres membres de la famille.

124. Vous lui dites que c'est normal, de nos jours, de vivre de telles situations.

125. Vous lui dites d'en parler avec son autre parent, parce que ça vous perturbe trop dans vos émotions.

Situation

26. *Vous recevez la visite d'un policier en civil. Il vient vérifier si vous savez que votre fils, âgé de 15 ans, toujours très sage, est probablement à la tête d'un réseau de distribution de drogue dans son école.*

Choix

126. Malgré une certaine anxiété, vous recevez poliment ce policier et cherchez à obtenir sa collaboration au cas où le problème serait vraiment grave. Vous vous engagez à participer à l'enquête, vous arrêterez les agissements de votre fils s'il y a lieu ou le défendrez, le cas échéant.
127. Vous demandez au policier d'emprisonner immédiatement votre fils pour qu'il comprenne que la loi, c'est la loi!
128. Vous dites au policier que son récit n'est pas crédible; votre fils est un bon garçon.
129. Vous êtes absent(e) lors de la visite du policier et ne le rappelez pas, même s'il a laissé un message.
130. Le soir même, sans évaluation ni discussion, vous menacez votre fils d'emprisonnement pour le corriger pendant qu'il en est encore temps.

———————

Situation

27. *Votre fille, âgée de 14 ans, sociable et populaire, décide de quitter l'école et d'entrer l'année suivante dans une école de coiffure sans terminer ses études. Ses résultats scolaires sont moyens.*

Choix

131. Vous la forcez à rester à l'école et allez l'y conduire tous les matins.
132. Vous rencontrez le directeur des études et le conseiller en orientation et décidez qu'elle obtiendrait au moins un diplôme en sciences de niveau préuniversitaire.
133. Avec elle, vous rencontrez son titulaire, vous pesez le pour et le contre de cette décision et l'encouragez fortement à terminer au moins ses études secondaires avant de s'orienter.
134. Vous vous dites qu'elle a le droit de faire ce qu'elle veut de sa vie et la laissez faire, confiant(e) qu'elle trouvera en elle et autour d'elle ce qu'il lui faut pour être heureuse dans la vie.
135. Vous ne vous apercevez pas de ce changement.

Situation

28. *Votre fille, âgée de 18 ans, a un chagrin d'amour: son ex-amoureux fréquente maintenant sa meilleure amie à laquelle elle ne veut plus parler.*

Choix

136. Vous n'avez pas le temps de vous en occuper: de toute façon, c'est normal à son âge.
137. Avec elle, vous vociférez contre l'amie et l'ex-amoureux, trouvant qu'ils sont vraiment des salauds.
138. Vous la soutenez quotidiennement à vivre ce deuil bouleversant et l'encouragez à vivre chaque étape et à récupérer graduellement les autres aspects agréables de sa vie, tout en maintenant sa confiance en elle.
139. Vous vous dites qu'elle a tout ce qu'il faut en elle pour s'en sortir, que les sentiments, surtout les sentiments amoureux, ne se commandent pas.
140. Vous intervenez directement auprès de l'amie et de l'ex-amoureux pour leur faire part de vos commentaires désapprobateurs.

Situation

29. *Votre fille, âgée de 14 ans, vous apprend que son oncle, votre frère, lui a tenu des propos obscènes au souper du jour de l'An. Il était sous l'effet de l'alcool. Elle est dégoûtée et ne veut plus le revoir.*

Choix

141. Vous lui expliquez que ce n'est pas grave et que tous les hommes agissent ainsi.
142. Vous ne la croyez pas, haussez les épaules et évitez le sujet.
143. Vous l'accusez d'avoir provoqué l'oncle en question et la punissez.
144. Vous prenez le téléphone et menacez votre frère de poursuites judiciaires.
145. Après l'avoir écoutée, vous lui montrez comment faire face à de telles situations et convoquez votre frère pour une mise au point, cela en présence de votre fille, pour l'habituer à s'affirmer face au harcèlement sexuel.

Situation

30. *Votre fille, âgée de 15 ans, semble dépenser plus d'argent qu'elle ne devrait en posséder. De plus, vous vous rendez compte que depuis un mois, il vous manque entre quinze et vingt dollars par semaine dans votre porte-monnaie. Vous avez de bonnes raisons de croire qu'elle vous vole.*

Choix

146. Vous la dénoncez immédiatement à la police.
147. Vous cachez votre porte-monnaie, mais, ne voulant pas de discussions pénibles, vous n'en parlez pas, vous disant qu'ainsi le problème va se régler tout seul.
148. Vous vous dites que tous les adolescents font au moins un mauvais coup. Vous l'informez de votre constatation, lui donnez le bénéfice du doute et l'assurez de votre compréhension.
149. Vous exprimez à votre fille vos sentiments de déception, de colère et d'inquiétude pour son avenir et cherchez avec elle des solutions pour que ces vols cessent et qu'elle rembourse les sommes volées. Vous essayez de comprendre ce qui la motive à agir ainsi.
150. Vous la privez d'argent de poche pendant six mois, ce qui lui permettra de vous rembourser.

Situation

31. *Votre fils, âgé de 17 ans, erre de pension en logement minable sans avoir terminé ses études. Il se drogue et vous paraît malheureux.*

Choix

151. Ce problème social est courant, vous pensez qu'un jour il s'en sortira par lui-même.
152. Votre fils ayant quitté la maison, vous trouvez que sa vie relève maintenant de sa responsabilité.
153. Vous demandez à deux policiers d'arrêter votre fils pour possession illégale de drogue.
154. Vous lui faites part de votre désir de le voir se prendre en main, lui offrez de l'aide, et l'incitez à arrêter sa consommation de drogue, à retourner aux études, à travailler pour gagner sa vie, à se trouver des amis aux valeurs positives.
155. Vous coupez la communication avec lui puisqu'il donne le mauvais exemple.

Situation

32. *La chambre de votre fille, âgée de 12 ans, est remplie d'amas de vêtements sales, de livres et de cahiers épars, de bibelots poussiéreux. Où est le lit, se demande-t-on?*

Choix

156. Après un conseil de famille houleux, de concert avec elle, vous convenez d'un grand ménage, suivi d'une opération hebdomadaire de dix heures à midi tous les samedis durant deux mois.

157. Sa chambre étant son royaume personnel, vous attendez qu'elle soit assez mûre pour faire son ménage elle-même.

158. Ce soir, c'est la limite: interdiction de sortir avant que cette chambre soit remise en état.

159. Vous prenez une grande décision. Vous mettez tout ce que vous trouvez dans des sacs-poubelle et les déposez à l'extérieur. C'est à elle de récupérer ses affaires.

160. La porte de la chambre est close, vous êtes tranquille; c'est déjà assez de travail d'élever une adolescente sans avoir à s'occuper de faire régner l'ordre dans sa chambre.

Situation

33. *Votre fils, âgé de 16 ans, est amoureux. Il ne pense qu'à elle; il passe de plus en plus de temps avec elle. Samedi dernier, il a passé la nuit chez elle. Malgré ses dires, vous pensez que, bientôt, il aura ses premières relations sexuelles.*

Choix

161. Comme c'est un garçon, vous vous sentez moins concerné; c'est à elle de s'occuper de la contraception.
162. Les deux jeunes sont mineurs; vous appelez la mère de la jeune fille pour qu'elle exerce une plus grande vigilance.
163. Affolé(e), vous lui interdisez de la revoir; ils sont trop jeunes. Vos valeurs interdisent la sexualité avant le mariage. Vous entendez faire appliquer cette règle.
164. Vous provoquez une conversation réaliste avec lui, le convainquez de l'importance de prendre ses responsabilités et vérifiez ses connaissances sur la contraception.
165. Tout ému(e), vous évoquez ensemble votre premier amour.

Situation

34. *Votre fille, âgée de 16 ans, commence à fumer. Vous êtes non-fumeur et militez dans un organisme pour assainir l'environnement. Elle se moque de votre idéal.*

Choix

166. Plus elle fume, plus vous faites la chasse aux cendriers et aux amis fumeurs.
167. Elle vit une crise d'adolescence particulièrement forte, vous la respectez et oubliez vos convictions pour quelques mois.
168. Lors d'une réunion de famille, vous entreprenez une négociation, établissez dans la maison des zones «fumeur» et «non-fumeur» et l'engagez à fumer à l'extérieur. Vous faites aussi valoir l'impact de la nicotine et de la fumée sur sa santé et celle des autres.
169. Comme vous êtes en ce moment occupé par une campagne de financement pour cet organisme, vous la laissez faire en espérant que cela se terminera bientôt.
170. Comme elle ne veut pas se conformer à vos valeurs, vous lui indiquez qu'elle devra partir de la maison.

Situation

35. *Chaque fois que vous regardez le cou de votre fils, âgé de 13 ans, le cœur vous lève tant la crasse y est accumulée en quantité importante.*

Choix

171. Vous fermez les yeux en vous disant qu'il finira bien par se laver quand il aura une «blonde».
172. Vous l'entrez de force sous la douche et le brossez jusqu'à ce que la crasse disparaisse et que le cou soit bien rouge!
173. Vous prenez votre patience à deux mains et, chaque soir, vous regardez son cou et le renvoyez se laver jusqu'à ce qu'il soit propre. Au besoin, vous lui montrez comment frotter et rincer sa peau.
174. C'est normal que les garçons de cet âge ne soient pas encore propres; vous lui en parlez avec humour!
175. La propreté étant prioritaire pour vous, vous organisez l'heure de la douche quotidienne, l'inspectez et le renvoyez sous la douche, fermement si c'est nécessaire.

Situation

36. *Avec ses amis, votre fils, âgé de 14 ans, loue des films violents;*
vous les surprenez en train de se montrer des couteaux et de discuter
des moyens de se défendre dans la rue, le métro. Il clame des slogans
fascistes.

Choix

176. Vous entrez dans la conversation et, sans ambages, demandez qu'on vous donne les couteaux. C'est si dangereux dans
la rue, le métro.

177. En écoutant ces jeunes, vous comprenez leurs craintes et
trouvez que cette génération fait vraiment pitié.

178. Vous sortez de la maison, effrayé par ce spectacle.

179. Vous entrez amicalement dans la conversation, discutez des
mécanismes et du cycle de la violence et proposez aux jeunes de faire la paix dans la rue, le métro.

180. Scandalisé et craignant pour sa vie, vous demandez aux
amis de quitter les lieux rapidement.

Situation

37. *Votre fille, âgée de 19 ans, parle régulièrement du suicide d'une de ses camarades de classe. Elle sèche des cours, se désintéresse de ses projets et dépérit sans raison apparente.*

Choix

181. D'après vous, elle doit se secouer; le suicide de sa camarade, c'est vraiment un mauvais exemple.
182. Vous vous dites qu'elle est fatiguée, qu'avec un peu de repos elle retrouvera de l'entrain, et vous la laissez faire.
183. La vie est dure pour les jeunes adultes, vous l'écoutez attentivement en la soutenant.
184. Vous la questionnez ouvertement sur ses idées suicidaires, la soutenez et l'encouragez fermement à retrouver son entrain et ses objectifs. Vous lui suggérez de consulter quelqu'un de compétent.
185. Son discours vous dérange. Comme elle sèche des cours, vous la menacez de lui couper les vivres.

Situation

38. *Votre fils, âgé de 14 ans, fait l'objet d'une suspension à l'école. Il redouble sa classe de deuxième secondaire, mais n'étudie pas davantage que l'an dernier. Il veut travailler et se payer une veste de cuir souple.*

Choix

186. Vous avez décidé que, cette année, il étudierait et, chaque soir, vous vous assurez que les travaux scolaires soient faits et les leçons sues.

187. Le désir d'apprendre doit venir de lui, vous l'observez attentivement sans lui parler d'école pour ne pas l'exaspérer. Ça ne donnerait rien.

188. «On peut mener un cheval à la rivière, mais on ne peut pas le forcer à boire»; ainsi, vous le laissez à lui-même pour décider de sa vie.

189. Vraiment, il vous fait honte, surtout que vous espérez en faire un professionnel alors qu'il se prépare une vie ratée. Vous le sermonnez sévèrement.

190. Vous l'envoyez travailler; il ne mérite aucune aide de votre part.

Situation

39. *Votre fille, âgée de 12 ans, se promène nue dans la maison. Vous remarquez qu'un voisin la regarde de sa fenêtre avec des jumelles et la suit vers l'école. Vous discutez avec celui-ci et il accuse votre fille de le provoquer.*

Choix

191. À votre tour, vous maintenez les mêmes accusations à son égard. Si elle s'habillait, cela ne se produirait pas.

192. Vous portez plainte à la police, demandez l'aide du directeur de la Protection de la jeunesse et exigez qu'elle reste toujours habillée.

193. Le climat social étant décadent, vous vous résignez, d'autant plus qu'il n'attaque pas votre fille.

194. En discutant avec elle, vous en arrivez à la conclusion qu'il faut mettre ce voisin vicieux à sa place et demander l'aide de la police.

195. Comme vous trouvez normal de faire du nudisme, vous ne voyez pas de mal dans les attitudes différentes des autres et vous laissez faire.

Situation

40. *Votre fils, âgé de 15 ans, a pris sa première cuite et vomi; deviendra-t-il alcoolique comme son grand-père ou a-t-il reçu une bonne leçon? Il n'a pas l'habitude d'imiter certains de ses camarades en prenant autant d'alcool.*

Choix

196. Vous trouvez qu'il est assez puni et ne faites que le soigner un peu.
197. À cause de l'alcoolisme du grand-père, vous le mettez en garde contre le début d'une escalade.
198. À cause du mauvais exemple envers les plus jeunes, vous ne lui adressez pas la parole de la fin de semaine.
199. Vous trouvez cela drôle de voir votre fils devenir enfin un vrai homme.
200. Une indigestion ne fait pas mourir, vous le laissez dormir tranquille.

Compilation et évaluation

Compilez vos résultats

1. Pour chacune des vingt situations, encerclez sur la feuille d'évaluation de la page suivante les nombres correspondant à vos choix.

2. Pour chacun des groupes **A, B, C, D** et **E,** faites le total des nombres encerclés et multipliez ce total par 5. Ainsi, vous obtiendrez un pourcentage.

   Par exemple: si, dans le groupe **C,** vous avez encerclé 4 nombres, vous obtiendrez 4 x 5 = 20 %.

Feuille d'évaluation
Pour les parents d'adolescents et de jeunes adultes

Encerclez vos choix					*Total des nombres encerclés*	*Pourcentage*

A 101 109 112 117 121
127 131 140 143 146
155 159 163 170 172
180 185 190 191 198   __ x 5 =   __%

B 105 110 114 116 122
130 132 137 144 150
153 158 162 166 175
176 181 189 192 197   __ x 5 =   __%

C 102 108 115 118 123
126 133 138 145 149
154 156 164 168 173
179 184 186 194 196   __ x 5 =   __%

D 103 106 111 120 124
128 134 139 141 148
151 157 165 167 174
177 183 187 195 199   __ x 5 =   __%

E 104 107 113 119 125
129 135 136 142 147
152 160 161 169 171
178 182 188 193 200   __ x 5 =   __%

Un ou deux questionnaires pour découvrir son style

Graphique

À remplir par les parents d'adolescents et de jeunes adultes

Sur le graphique, marquez chacune des colonnes **A, B, C, D** et **E**, selon vos résultats. Chaque case correspond à un type de comportement.

A = abusif
B = autoritaire
C = entraîneur
D = débonnaire
E = absent

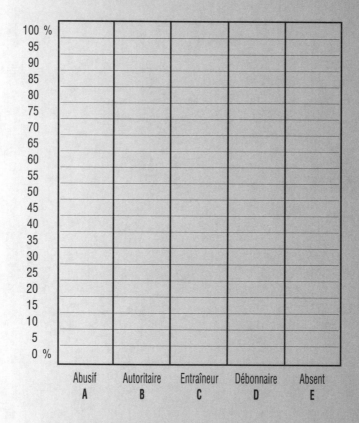

Vous obtenez alors un profil révélant vos attitudes et comportements dominants. Voici un exemple[2]:

Abusif:	0 x 5	=	0 %
Autoritaire:	2 x 5	=	10 %
Entraîneur:	14 x 5	=	70 %
Débonnaire:	4 x 5	=	20 %
Absent:	0 x 5	=	0 %

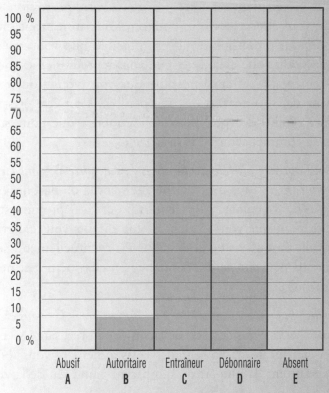

2. Cet exemple assez typique montre qu'il arrive souvent qu'un parent plutôt autoritaire envers son jeune enfant soit un peu plus débonnaire envers son adolescent.

Analyse des résultats

Maintenant que vous avez rempli le questionnaire, compilé vos points et déterminé les colonnes, vous avez en main une image de vos attitudes et de vos comportements envers vos enfants.

Comme la plupart des parents qui l'ont rempli avant vous, sans doute avez-vous fait des prises de conscience. Cela signifie que vous voulez bien faire, mais il est utile de savoir d'où l'on part pour pouvoir s'améliorer.

Si vous obtenez plus de 50 % dans la catégorie **A**, *vous êtes un parent abusif.* Il vous arrive souvent de «perdre les pédales» ou de croire que votre enfant est votre propriété, votre possession; c'est pourquoi vous abusez de votre pouvoir. Vous auriez tout intérêt à consulter un professionnel. Il est possible que vous ayez été maltraité durant votre enfance et que vous reproduisiez les mêmes comportements; il est aussi possible que vous vous trouviez ac-tuellement dans une situation très pénible. Peut-être êtes-vous simplement imbu de votre pouvoir? Admettre que l'on est dé-passé est le commencement de la sagesse.

Si vous obtenez plus de 50 % dans la catégorie **B**, *vous êtes un parent autoritaire.* Vous contrôlez fermement la plupart des com-portements de vos enfants. Vous leur imposez votre propre système de valeurs. Sans que vous le sachiez, vos enfants vous craignent; en secret, ils éprouvent de la rancœur et, éventuellement, se ré-volteront. Ils peuvent perdre confiance en eux-mêmes et ne pas découvrir qui ils sont.

Si vous obtenez plus de 50 % dans la catégorie **C**, *vous êtes un Parent entraîneur.* Vous donnez, de façon équilibrée, santé-sécurité, affection et éducation. Vos enfants vous aiment et vous respec-tent et s'adaptent, la plupart du temps, au grand jeu de la vie.

Si vous obtenez plus de 50 % dans la catégorie **D**, *vous êtes un parent débonnaire.* Vous avez beaucoup de respect et d'affection pour vos enfants, mais vous oubliez de les éduquer. Attention!

Vous vous préparez de mauvaises surprises: vos enfants risquent d'avoir de la difficulté à devenir autonomes et à s'adapter au stress de la vie.

Si vous obtenez plus de 50 % dans la catégorie **E***, vous êtes un parent absent.* Vous auriez intérêt à vous intéresser davantage à vos enfants pour améliorer leurs conditions de vie. Vous développerez ainsi des relations beaucoup plus satisfaisantes avec eux et vous serez content de vous. Sans doute vous a-t-on dit que vous aviez besoin d'aide et de soutien pour y arriver. Si vous avez été négligé durant votre enfance ou votre adolescence, vous ne connaissez pas l'importance d'accorder du temps et de l'attention à votre enfant ou bien, très troublé émotivement, vous n'êtes pas vraiment disponible. Un professionnel vous apprendra comment vous comporter et résoudre vos problèmes. C'est plus important que vous ne le croyez.

Si vous obtenez 20 % dans une des colonnes, vous pouvez considérer que vous avez, par moments, tendance à être abusif, autoritaire, entraîneur, débonnaire ou absent, suivant la catégorie où se trouve ce pourcentage.

En résumé, si vos résultats du questionnaire révèlent que vous êtes entraîneur, cela signifie que vous êtes sur la bonne voie. Continuez tout en vous perfectionnant, car ce n'est jamais terminé.

Si vous découvrez par vos résultats que, généralement, vous êtes autoritaire ou débonnaire, une formation intensive, des conférences régulières sur l'éducation des enfants seraient utiles pour améliorer vos attitudes et votre jugement.

Il sera sans doute difficile de vous rendre compte que vous êtes un parent absent ou abusif. Vos difficultés sont plus grandes que vous ne le croyez. Vous causez des blessures importantes à vos enfants. Il est de votre intérêt et du leur de consulter un professionnel qualifié le plus tôt possible.

L'objectif principal du questionnaire est de déclencher en vous des prises de conscience sur vos attitudes et vos comportements.

Voyons maintenant ensemble les caractéristiques des parents abusif, autoritaire, entraîneur, débonnaire et absent.

Exercices

Répondez au questionnaire seul et demandez à votre conjoint d'y répondre aussi.

À partir des résultats, évaluez vos tendances à être abusif, autoritaire, débonnaire ou absent à l'occasion et demandez-vous si vous êtes continuellement un *Parent entraîneur*? Soyez honnête, c'est votre chance de vous améliorer.

Échangez sur vos comportements: qu'apprenez-vous de cette discussion sur vous-même? Vous voyez-vous maintenant de la même façon?

Si la situation est plutôt sereine, demandez à vos enfants, à vos adolescents ou à vos jeunes adultes de remplir le questionnaire en commentant vos attitudes et comportements: qu'apprenez-vous alors?

Le «thermomètre des parents»

Le thermomètre suivant illustre ces différents styles de comportement parental. Le parent qui conserve le juste milieu, l'équilibre, est un *Parent entraîneur*, il prend ses responsabilités tout en respectant son enfant. Les parents qui ne s'engagent pas assez sont des parents débonnaires ou absents. Les parents qui abusent de leur pouvoir sont autoritaires ou abusifs.

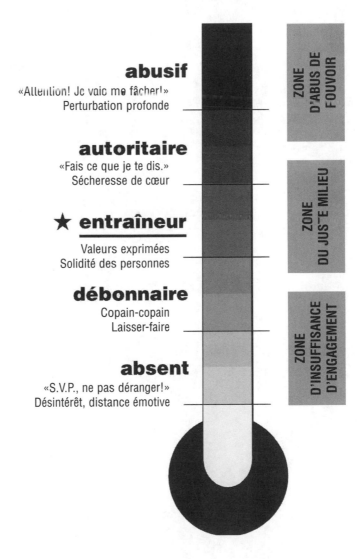

Un ou deux questionnaires pour découvrir son style

Chapitre 3
Les cinq styles de parents

E N REMPLISSANT LE OU LES QUESTIONNAIRES qui vous concernent, sans doute avez-vous été touché. Certaines situations décrites dans ces questionnaires ont provoqué des réactions. Êtes-vous content de vous ou, au contraire, inquiet de votre comportement? Ce chapitre décrit les types de parents, leur histoire ainsi que les conséquences de leur comportement sur la personnalité et le développement de leur enfant.

Le parent absent

Portrait: «S.V.P., ne pas déranger!»

Le parent absent s'engage très peu ou pas du tout dans l'éducation de ses enfants. Sa communication avec eux est nulle ou superficielle. Il fait preuve de désintéressement envers les champs d'intérêt, les goûts de ses enfants, leurs résultats scolaires, leur état de santé, oubliant parfois jusqu'à la date de leur anniversaire. Ce parent ferme les yeux sur les tentatives de rapprochement entreprises par ses enfants. Il ne se mêle pas à leurs jeux et élude leurs demandes. Il parle peu de lui-même.

Toutes les excuses lui semblent bonnes: «Je suis un homme, je ne peux pas deviner ce dont bébé souffre», dit Benoît à sa compagne, épuisée après une nuit sans dormir. «Enfin, j'ai une promotion, dit Anne-Marie. Même si les enfants doivent être seuls le soir, je l'accepte.» Le directeur d'école avise les parents d'Hélène que leur enfant devra reprendre sa troisième secondaire parce qu'elle s'est absentée durant 90 jours. Ceux-ci ignoraient pourtant tout de ces absences.

Replié sur soi ou occupé par des activités «plus importantes» comme la carrière, la politique, la religion, le sport, ce parent exprime peu ses sentiments à ses enfants et ne saisit pas l'importance de son rôle. Il est peu probable qu'il lise ce livre; il n'en voit pas l'utilité!

Parfois, ce parent masque une faible estime de soi et un piètre amour de la vie. Craignant d'échouer dans son rôle de parent et doutant de lui-même, il préfère s'abstenir. Fragile, il dit: «Ne me parlez pas de vos problèmes, ça m'affecte trop.» Il peut arriver que ce parent vive des problèmes personnels graves: dépression, alcoolisme, drogue, abus de médicaments, ou encore il peut être atteint de maladies mentales comme la schizophrénie ou sujet à tendances maniaco-dépressives et, par conséquent, ne peut pas être vraiment disponible.

Le parent absent est, en général, une personne centrée sur elle-même qui n'a pas développé le sens de la famille, de la générosité ou de la responsabilité face à ses propres enfants. L'informer de l'importance de son rôle ne suffit pas à l'influencer. Si, par exemple, un ordre de la cour l'empêche de voir ses enfants, il ne cherchera pas à faire valoir son point de vue. Il a plutôt tendance à suivre les événements de loin.

Dans un climat de compréhension, parfois, le parent épuisé confie qu'il a démissionné. Devenu plus conscient de ses responsabilités, il peut évoluer graduellement grâce à beaucoup de soutien et de conseils pratiques. Quelquefois, une psychothérapie est nécessaire.

Histoire: «Enfant ignoré...»

Souvent, le parent absent a lui-même été abandonné ou négligé tôt par ses parents. Il a peut-être aussi été élevé dans des institutions ou des pensionnats où, évidemment, le sens de la vie de famille ne pouvait lui être inculqué.

Lise, 50 ans, infirmière, mariée à Marc-André, 52 ans, vice-président d'une grande entreprise, me consulte à propos de Caroline, 14 ans, victime de viol, et de Jérôme, 12 ans, turbulent à l'école. Ils habitent un quartier huppé. Les enfants fréquentent des collèges privés.

Dès les premières entrevues se révèle l'absence de communication et d'intimité dans la famille. Lise avait 13 ans à la mort de son père; elle a alors été confiée à une tante qui l'a mise en pension. Marc-André a toujours vu son père enfermé dans son bureau jusqu'à 23 heures; élève brillant, il a suivi ses traces.

Faute d'être guidés, protégés, suivis, Caroline et Jérôme, laissés à eux-mêmes, sont devenus la proie facile des vendeurs de drogue et des abuseurs sexuels. Il fallut une thérapie familiale d'une durée d'un an, à raison de dix entrevues hebdomadaires suivies d'entrevues mensuelles avec démonstration de la thérapeute pour que ces parents apprennent une forme de communication complète et de protection appropriées. Entre-temps, leur fille a fait une fugue, a passé l'été «gelée» par la drogue, s'est adonnée à des jeux sexuels sous leurs yeux.

Certaines conditions socioéconomiques incitent aussi le parent à devenir absent. Souvent, le parent absent travaille tellement qu'il est épuisé à son retour à la maison: ce sont les enfants qui écopent, malheureusement. Ce parent passe un temps nettement insuffisant en quantité et en qualité à répondre aux besoins d'attention et aux questions de ses enfants. En thérapie familiale, il arrive de constater que plusieurs parents n'ont jamais pris le temps de converser intimement avec leurs enfants, ne serait-ce que quinze minutes par jour, tellement ils sont pressés et stressés, expliquent-ils.

Certains enfants sont souvent seuls entre 15 heures et 18 heures, tous les jours, pendant de nombreuses années. Laissés à eux-mêmes, ils ne font pas leurs devoirs, se gavent de friandises et surtout, ne reçoivent pas la stimulation, l'écoute, l'encouragement et l'influence fondamentale d'un adulte.

Enfin, la garde unique après une séparation ou un divorce risque aussi de fabriquer des parents absents. Le parent qui ne voit ses enfants qu'un week-end sur deux a moins d'occasions de créer des liens étroits avec eux. La garde partagée, qui devrait être considérée comme le premier choix lors d'une séparation, n'est pas encore entrée dans nos mœurs, malgré les besoins évidents des enfants de fréquenter leurs deux parents. Faire une petite valise est tellement moins pénible que de perdre un parent.

Résultats: Dommages importants

L'absence crée un déséquilibre. Le manque de communication et de stimulation limite l'évolution de l'enfant, qui risque ainsi d'être retardé dans son développement. L'enfant de parents absents est souvent désorganisé, angoissé, peu intéressé à la vie ou même souvent malade. Il a des habitudes de vie relâchées et, malgré ses airs désinvoltes, n'est pas heureux.

Le parent absent engendre des enfants fragiles qui ont tendance à s'isoler. L'enfant qui ne reçoit pas l'encadrement d'un adulte manque de confiance en soi. Souvent, cet enfant ne termine pas ses études secondaires, un facteur clé pour réussir sur le marché du travail. Sans une personnalité structurée, il n'est pas préparé à faire face aux responsabilités et aux défis de la vie, d'où son grand sentiment d'échec.

L'absence du parent peut aussi créer des carences physiques. L'enfant seul, nourri au hasard, peu incité au jeu et à l'activité physique, voit sa santé dépérir. L'enfant qui n'est pas exposé aux valeurs de ses parents a peu de possibilités de développer ses propres valeurs.

L'adolescent, comme l'enfant, est marqué par l'absence. Cette attitude engendre des carences qui laissent de graves séquelles. L'absence de confrontation honnête incite à l'apathie et l'enfant qui en souffre peut facilement sombrer dans l'ennui, un sentiment de vide qui peut le mener jusqu'à la drogue, à l'itinérance et au suicide.

Beaucoup de jeunes adultes n'arrivent pas à terminer leurs études universitaires, car leurs parents refusent de les encourager et de les soutenir affectivement et économiquement, même s'ils en ont largement les moyens. «Il a dix-huit ans, qu'il se débrouille. Moi, à son âge, je le faisais.» Ce manque de soutien brise les liens entre générations. Ce parent ne devrait pas s'étonner de ne pas avoir de visite de ses enfants!

Recommandation:

Lorsqu'un parent découvre qu'il est absent, sans doute a-t-il dans le passé reçu de son entourage des conseils lui recommandant de consulter, parce que sa vie familiale est désorganisée. Les responsables de la garderie ou de l'école ont probablement demandé des examens physiques ou psychologiques de ces enfants à cause des problèmes qu'ils présentaient et que le parent avait jusque-là ignorés. Au moment où ce dernier prend conscience de cet état de fait, il devrait rapidement prendre un rendez-vous auprès d'un professionnel compétent.

Le parent débonnaire

Portrait: «Copain-copain»

C'est un parent sympathique, ouvert aux besoins de ses enfants. Il leur donne les soins requis, mais sans contraindre l'enfant qui, par exemple, ne veut pas se coucher ou prendre des vitamines. Ce parent laisse l'enfant décider de ce qui est bon pour lui. Si l'enfant préfère le chocolat aux légumes et aux fruits, il acquiesce.

Le projet éducatif de ce type de parent est souvent avant-gardiste. Il connaît les nouvelles méthodes d'éducation. Il croit qu'il va changer le monde et les réalités de la vie en laissant son enfant libre d'évoluer à son rythme et selon ses goûts. C'est là son erreur.

Il manifeste son amour simplement et d'une façon satisfaisante pour l'enfant, mais il refrène constamment ses propres frustrations et, parfois, après avoir toléré au-delà de ses limites, il éclate en faisant des colères inopportunes.

Le parent débonnaire a un sens incomplet des responsabilités. Il idéalise les capacités et le développement de son enfant. Il perçoit tous les bons côtés de la relation parent-enfant: affection, encouragement, respect, mais il ne se rend pas compte que la vie comprend des défis, des combats, des difficultés à surmonter, des frustrations, et requiert de l'ordre et de la discipline. Il ne prépare pas ses enfants à faire face aux aspects difficiles de la vie; il ne transmet pas le goût, la motivation de relever des défis et de surmonter les difficultés. Lorsque son enfant ou son adolescent est confronté à des obstacles, très souvent, il en a pitié.

Le parent débonnaire refuse de faire face aux conflits. Il les perçoit comme malsains, car il ne peut supporter de tension entre lui et ses enfants. Il croit qu'une bonne méthode psychologique ou éducative permettrait d'éliminer les conflits inhérents à toute relation, et plus particulièrement à son rôle d'éducateur.

Ce parent peut même éviter de proposer des solutions à son enfant, croyant que celui-ci possède le jugement et les possibilités nécessaires pour régler ses propres problèmes.

Le masque du parent débonnaire cache une face secrète: malgré ses «bonnes intentions», il ne recherche pas ultimement l'autonomie de son enfant. Ce parent ne permet pas à l'enfant d'apprendre ce que la société requiert pour réussir. Il ne lui donne pas l'encadrement nécessaire à son épanouissement; en le gâtant, il ne le prépare pas à l'autonomie. Au fond, le parent débonnaire cherche l'épanouissement de la personnalité de son enfant, mais il n'est pas vraiment intéressé à sa réussite. En soi, cela a un côté agréable, mais c'est une conception idéaliste de l'éducation.

Si la situation est désagréable, il croit que c'est sa faute, qu'il ne sait pas s'y prendre avec son enfant. Il pense qu'il n'y aurait pas eu de querelle s'il avait utilisé la bonne méthode. Il est impossible de vivre sans conflit. L'important, c'est de les résoudre avec respect. Pour ce faire, on doit d'abord accepter les conflits ouvertement.

Par exemple, pour obtenir une permission de rentrer vers minuit, Martine, 13 ans, en parle à sa mère très conciliante, en lui demandant de cacher ce fait au père qui doit faire un voyage d'affaires ce soir-là.

La situation peut tourner au drame lorsqu'il s'agit d'actes délinquants. Louis excuse les vols de Guillaume en expliquant au policier que cet adolescent est persécuté par sa mère autoritaire.

La situation se complique parfois lorsque l'enfant atteint l'âge adulte. Élizabeth, 52 ans, est épuisée et dépendante des médicaments. Son mari, frustré sur le plan sexuel, est violent tant en gestes qu'en paroles. David, 26 ans, n'ose pas les quitter et profite du dévouement de sa mère et de l'argent de son père. Il est incapable de partir puisqu'il joue le rôle de sauveur auprès de ses parents et aussi parce qu'il est tellement gâté, qu'il n'est pas assez autonome pour se débrouiller seul.

Histoire: «Faux bonheur»

L'adulte qui est devenu un parent débonnaire répond généralement à des situations typiques reliées à son passé.

Ce parent a lui-même été élevé par des parents débonnaires. Il demande peu à la vie du point de vue économique et consacre une bonne partie de son temps à la détente. Il est bien ainsi et ne désire pas changer.

Ou bien, il a été élevé par des parents autoritaires et il veut éviter à ses enfants les abus physiques et psychologiques dont il a été victime. Alors, il est tout miel, de crainte de brimer ses petits.

Ou encore, il suit le courant. Dans une ère de prospérité, il est facile de gâter les enfants et d'en exiger peu, tout le monde le fait. Les enfants le savent bien et ils exploitent cette situation, souvent même en se plaignant!

Dans plusieurs cas, le parent adopte le style débonnaire pour contrebalancer le style de l'autre parent qu'il trouve trop autoritaire. Voyant les excès du parent autoritaire – ordres, principes rigides, punitions déraisonnables – l'autre parent devient extrêmement doux, protecteur, niant les faiblesses ou les dangers possibles. Naît alors un jeu où les deux parents s'opposent constamment;

l'enfant ne sait plus comment agir, ni à qui il peut faire confiance. Confus, pour se tirer d'affaire, il manipule le parent débonnaire.

Les méthodes d'éducation centrées sur les besoins psychologiques des enfants ont largement soutenu ce courant. Ce «nouveau» parent souhaite que l'enfant découvre par lui-même ce qui lui convient, mais il oublie ses propres goûts et ses besoins dans la relation. Il ne désire pas transmettre de connaissances ni de valeurs, de crainte de brimer l'enfant dans son développement. Il se plaint de la sévérité des enseignants et, lors de conflits à l'école, il prend la part de son enfant. Si son enfant arrive de l'école avec de piètres résultats, le parent débonnaire l'excuse et ne le stimule pas à améliorer son rendement. Il le prépare mal à surmonter les obstacles sereinement. Tout ce que fait son fils ou sa fille est accepté inconditionnellement. Influencé par certaines connaissances de la psychanalyse, imprégné des idées en vogue et touché par l'éclatement des normes sociales, il veut éviter toute espèce de refoulement chez son enfant, de même que celui-ci adopte des valeurs qu'il devra inévitablement remettre en question plus tard.

Résultats: Désillusions

On s'interroge sur l'avenir d'un enfant élevé par des parents débonnaires. Cet enfant n'est pas heureux. Sans structure interne, il devient anxieux. Un peu comme le parent absent, le parent débonnaire, pour d'autres raisons, omet de fournir à son enfant l'encadrement qui lui procurerait le développement de sa force intérieure. Parfois, ce type de comportement cache la pauvreté, une éducation limitée, une santé précaire. Cet enfant reçoit beaucoup mais n'apprend pas à donner, ses parents ne lui ayant jamais demandé le moindre service. Dans la vie sociale, il ne saura pas comment participer à des projets ou coopérer à un travail d'équipe, etc.

Il s'ensuit que cet enfant est désorganisé, qu'il ne peut s'insérer dans les structures d'un groupe ou d'une organisation. Devenu adulte, ce jeune sera confronté à une société qui ne ressemble pas à une vaste maternelle alternative. N'étant pas habitué au travail et à l'effort quotidiens, il trouvera alors monstrueuse la lutte pour gagner sa vie. Le jeune adulte devra aussi faire face à certaines réalités: il verra, par exemple, que tous ne s'émerveillent pas devant ses œuvres, d'autant plus qu'il n'aura pas développé de compétences réelles.

L'enfant de parents débonnaires connaît vite des difficultés dans le monde extérieur. Il renonce souvent aux études, incapable qu'il est d'y fournir l'effort continu; il est le candidat idéal au décrochage scolaire, ou encore il ne peut garder son emploi par manque d'initiative ou d'assiduité. Il est incapable de planifier son emploi du temps, de s'encadrer lui-même et parvient difficilement à l'autonomie de l'âge adulte. S'il reproduit dans sa propre vie d'adulte ce qu'il a appris étant plus jeune, il peut repousser l'échéance du mariage et demeurer chez ses parents jusqu'à l'âge de trente ans.

Frustré sans savoir pourquoi, le parent débonnaire vit aussi des moments d'énervement. Il est à la merci des besoins de son enfant qui utilise son pouvoir à un âge où il n'a pas la maturité pour l'exercer. Ce dernier peut, par exemple, regarder la télévision tard la nuit, ne pas aller à l'école, être absent aux repas, ne pas dire ce qu'il fait et où il va, ne pas aider dans la maison, changer de programme d'études sans en terminer aucun, etc. À force d'être patient et compréhensif, le parent débonnaire comprend qu'il va au-delà de ses propres limites. Il s'efforce d'afficher un calme factice devant le comportement excessif de l'enfant, voulant ainsi être à tout prix à l'avant-garde dans l'éducation de ses enfants. Il est faux de penser, par exemple, que Brigitte, 4 ans, a besoin de «faire pipi» quatre fois avant de dormir. Marie-Philippe, 13 ans, peut vider le lave-vaisselle sans mettre en péril son année scolaire.

En réaction au modèle autoritaire, de nombreuses théories ont proposé jusqu'à récemment des attitudes débonnaires aux parents. L'effet du balancier s'est fait sentir. Nous avons moins d'adultes frustrés, mais plus nombreux sont ceux qui ne peuvent fournir un effort et organiser leur vie. Le modèle du *Parent entraîneur* proposé dans ces pages aidera à former des personnes plus solides, aptes à relever des défis!

Recommandation:

Le parent débonnaire est rempli de bonnes intentions, il aime et respecte ses enfants. Par une formation, il apprendra à déterminer quelle éducation il veut offrir à ceux-ci afin de les amener à une autonomie productive. Il travaillera à se faire respecter par une affirmation dosée des valeurs qu'il veut transmettre. Un excellent résultat l'attend: beaucoup moins d'anxiété chez lui et chez son enfant.

Le *Parent entraîneur*

Portrait: «Juste milieu»

En bon philosophe, le *Parent entraîneur* connaît et accepte les hauts et les bas de la vie. Sachant qu'il n'est pas parfait, il tend vers un équilibre personnel, une cohérence qui requiert une certaine dose de maîtrise de soi.

Le *Parent entraîneur* communique efficacement. Il a le sens de la responsabilité de son comportement. Ses enfants occupent une place importante dans sa vie, bien qu'ils ne soient pas sa seule raison de vivre. S'il ressent des problèmes d'adaptation psychologique ou sociale, il sait les régler et consulte si nécessaire. Il croit profondément aux valeurs qu'il désire transmettre et le fait avec passion et conviction.

Le *Parent entraîneur* sait prendre soin de lui-même mais sans exagération. Il s'occupe de sa santé, de son bien-être, gère son stress, entretient des relations satisfaisantes avec son conjoint et ses amis, s'adapte au monde du travail, développe un certain art de vivre où il fait une place à l'humour, au jeu et à un brin de folie.

Le *Parent entraîneur* répond aux besoins de ses enfants avec plaisir. Il ressent leur amour sans retenue, mais il sait mesurer son engagement. Il administre judicieusement son budget de façon à pouvoir faire face à ses obligations familiales. Il se renseigne pour apporter à ses enfants la santé et la sécurité selon leur âge. Il a choisi ou accepté de les éduquer et en retire une satisfaction profonde malgré les difficultés que ce rôle peut comporter. Être parent est, à ses yeux, une façon de se réaliser.

Bien qu'inquiet à l'occasion, il s'adapte aux changements de notre société sans grande difficulté. Il s'informe des services offerts à la famille dans son entourage. Il fréquente les groupes de relations parents-enfants où des conférences sont données pendant que les enfants sont occupés par des activités éducatives. Le parent membre de comité d'école est davantage au courant des programmes scolaires et, grâce aux contacts qu'il prend alors avec le personnel de l'école, il est à même d'en saisir le climat pour ensuite conseiller ses enfants lors de leurs discussions. Il s'informe au sujet du virage technologique, des changements qui se produisent à l'échelle planétaire pour aider ses adolescents à s'orienter. Surtout, il partage ses préférences sociales, artistiques et politiques avec ses jeunes pour leur donner la faculté de s'intégrer socialement et leur présenter une qualité de réflexion de haut calibre.

Conscient des efforts constants à déployer, le *Parent entraîneur* est parfois fatigué mais vit en paix, car il sait qu'il fait de son mieux.

Histoire: Courage et confiance

Le *Parent entraîneur* considère qu'il a vécu une enfance heureuse. Si elle ne l'a pas été, il a poursuivi une démarche personnelle qui l'a amené à pardonner à ses parents ou à faire la paix avec la situation (pauvreté, carence affective, immigration, guerre), soit en échangeant avec ses amis, soit par une thérapie. Adulte, il a des objectifs personnels qu'il a confiance de réaliser par le travail et l'enthousiasme.

Cependant, toutes ces étapes ne se franchissent pas d'un bond. Le *Parent entraîneur* a connu des épreuves – maladie, deuil, peine d'amour –, mais il refuse de jouer les victimes et d'accuser les autres ou le sort.

On trouve des *Parents entraîneurs* chez les gens qui ont eu une vie agréable avec peu d'épreuves et qui désirent continuer ce mode de vie avec leurs enfants. On en trouve aussi chez les personnes qui ont connu de graves difficultés personnelles, mais qui ont choisi de se prendre en main et qui croient qu'ainsi elles ne répéteront pas les mêmes modes de comportement pernicieux.

Souvent, le *Parent entraîneur* a une histoire chargée – abandon, décès d'un parent lorsqu'il était en bas âge, discorde familiale, maladie mentale ou physique, travail durant les études. Sa vie n'a pas nécessairement été facile, mais il a développé, malgré parfois une confiance en lui-même mitigée, une force intérieure où l'on retrouve courage, volonté et joie de vivre.

S'il a connu des échecs, il ne s'apitoie pas, reconnaît sa peine mais se relève aussitôt. Il a confiance dans ses possibilités à accéder aux belles choses de la vie – matérielles, affectives, spirituelles. Il doit travailler pour les obtenir et ensuite les partager avec sa famille. Il le fait naturellement et de bon cœur.

Résultats: Du solide!

Les enfants du *Parent entraîneur* sont autonomes, confiants et joyeux. Ils ont des problèmes par moments, mais ils sont outillés pour y faire face. Tout en développant leur autonomie, ils font confiance aux adultes qui les entourent. Graduellement, ils prennent des responsabilités, souvent sans qu'on le leur demande. Ils ont des amis, rient souvent, leur teint et leurs yeux sont clairs. Ils sont actifs sans être agités. Ils expriment clairement ce qu'ils ressentent.

Ils savent se fixer des objectifs et les atteindre. Réalistes, ils sont prêts à fournir les efforts requis pour réussir et être heureux. Ils ne craignent pas d'être créateurs. Ils ont pu être attirés par la drogue ou la délinquance, mais ils ont choisi d'agir de façon responsable envers eux-mêmes et de respecter leur milieu, conscients de ce qu'ils en recevront en retour.

Ils perçoivent la vie avec confiance. Ils ne craignent pas de s'affirmer face à leurs parents et considèrent les différences comme un enrichissement ou un défi. Ayant été aimés tels qu'ils sont, ils s'aiment eux-mêmes, mais sans ostentation. Ils réalisent leurs projets avec discipline.

Dans les prochains chapitres, je décrirai plus en détail les attitudes, les comportements et les outils du *Parent entraîneur*.

Recommandation:

Être *Parent entraîneur* est un état qui peut être instable et, comme toute condition humaine, nécessite une attention soutenue. La maîtrise de soi, de sa vie, demande une réflexion constante et approfondie. Dialoguer avec des personnes qui désirent, elles aussi, parfaire l'éducation de leurs enfants, est un précieux stimulant.

Le parent autoritaire

Portrait: «... Fais ce que je te dis.»

Le modèle du parent autoritaire fut longtemps le plus répandu. La plupart des adultes d'aujourd'hui ont été élevés par des parents qui plaçaient l'autorité au premier rang de leur système de valeurs.

«L'autorité, c'est la puissance morale, le droit imprescriptible et inaliénable de l'auteur sur son œuvre. Il faut que l'enfant comprenne bien, dès le commencement, qu'il n'a qu'une voie à suivre pour arriver à son bonheur présent et futur, celle de la soumission et de l'obéissance à la volonté sage et raisonnée du chef de la maison.»

«La morale de l'enfant se résume donc à ces deux vertus: obéir et dire toujours la vérité. Les parents auront donc soin d'inspirer à leurs enfants l'horreur du mensonge. Mais la fermeté dans la volonté de celui qui commande sera tempérée par la douceur et la charité. De la sorte, l'exécution de l'ordre donné sera rendue plus agréable. L'excès de sévérité dans l'appréciation des actes et dans la condamnation de la conduite d'un enfant prouve le défaut de jugement et l'étroitesse du cœur... Un traitement de rigueur excessive éloignera l'enfant du foyer dont il a peur, le détachera de ses parents et laissera dans sa mémoire une impression pénible dont il ne pourra jamais se défaire.» Voilà ce que ma grand-mère, Pauline Fréchette, écrivait en 1922 dans son livre intitulé *L'art d'être une bonne mère*.

Pour atteindre ses objectifs, le parent autoritaire impose ses ordres et utilise la punition. Il ne tient pas compte du degré d'évolution de l'enfant, encore moins de son tempérament. Il ne veut pas connaître la personnalité réelle de son enfant, car il ne sait comment s'y adapter. Il craint ce que deviendra cet être si peu conforme à ses attentes.

Le parent autoritaire tend à nier la personnalité de base des enfants qu'il a mis au monde. Par exemple, même s'ils ont un tempérament d'artiste, il voudra qu'ils deviennent des scientifiques. Si les enfants manifestent une grande dextérité manuelle, le parent tâchera d'en faire des intellectuels à tout prix. Bref, il ne cherche pas à connaître, à comprendre et à développer la personnalité des enfants tels qu'ils sont, mais les met dans un monde rigide de sa confection.

Pour le parent autoritaire, il n'y a qu'une façon efficace de faire les choses: la sienne. Il n'accepte aucune différence. Les fréquentations doivent être passées au crible. Seuls les gens de son milieu social ont de la valeur. Par exemple, s'il est riche, il ne voudra pas que ses enfants fréquentent des jeunes issus d'un milieu plus modeste.

Il tolère rarement les gens d'autres races ou d'autres cultures. Il n'apprécie guère les goûts de ses enfants, en particulier la musique que les adolescents écoutent. Selon lui, seule la musique qu'il préfère est valable. Ce parent n'encourage pas ou peu ses enfants à développer leurs goûts ou leurs habiletés propres.

Il peut aussi éprouver de la difficulté à accepter que ses enfants le dépassent sur le plan intellectuel ou social. Par exemple, un ouvrier spécialisé dont un des enfants présente des talents pour des études universitaires refuse de le soutenir, prétextant que cela coûte trop cher ou encore, il peut forcer ses jeunes à fréquenter un certain type de collège qu'il juge supérieur, alors que leurs goûts sont à l'opposé.

Il est très exigeant quand il s'agit d'apprécier le travail de ses enfants et les force à travailler très fort pendant les week-ends et en plus à étudier jusqu'à ce qu'ils obtiennent les meilleurs résultats.

Le parent autoritaire n'admet aucune critique, aucune discussion. Il a un sens exagéré des valeurs qu'il s'empresse d'édicter, mais qu'il n'applique pas toujours. Par exemple, il interdit l'alcool à ses jeunes, mais, pour «calmer ses émotions», il prend son apéritif tous les soirs. Il ne supporte pas que ses enfants s'intéressent à d'autres religions qu'à la sienne, même s'il ne la pratique pas et ne manifeste pas nécessairement de vertus religieuses, particulièrement en affaires.

La maison des parents autoritaires est souvent impeccable, mais les enfants ne peuvent pas toujours y jouer librement de peur de salir, ni recevoir des amis, car l'atmosphère est trop tendue et ces visites dérangent les parents.

Histoire: Le pouvoir avant toute chose

Le parent autoritaire reproduit habituellement le modèle de ses parents; il ne remet pas en question l'éducation qu'il a reçue. Il applique avec rigidité les règles qu'il a apprises. *Le parent autoritaire exerce son pouvoir, croyant détenir la vérité.* Ses messages dégagent l'impression suivante: «Je suis parfait, tu ne l'es pas.»

Le parent autoritaire est habituellement né dans une famille où le pouvoir était fondamental. Dans de nombreuses cultures, le pouvoir de l'homme sur la femme et du père sur ses enfants est un absolu incontournable. Le nouveau parent ne critique pas cette valeur culturelle, il la répète en disant: «Mon père me disait de lui obéir, je tiens à ce que tu en fasses autant.»

L'histoire du parent autoritaire est généralement une suite ininterrompue de remarques, de critiques et de dénigrement. La structure de sa personnalité s'est faite de la façon suivante: enfant, il n'a pas eu le droit de ressentir ses besoins, il a été puni lorsqu'il exprimait la peine, la douleur ou simplement un désaccord. Cela lui a été interdit. L'affirmation de soi a été prohibée. Seules les actions permises furent à l'honneur. Les marques d'affection, vues comme des faiblesses; le développement sexuel, comme une honte. La moindre peccadille pouvait devenir l'objet d'une critique acerbe ou d'une raillerie cinglante. Un tel système éducatif ne favorise pas l'expression de l'affection. Grandir dans ces conditions a fait en sorte que la personne n'a pas appris à être à l'écoute d'elle-même. L'estime de soi et la confiance en ses perceptions en ont pris un coup.

Résultats: Révolte ou effacement

Quand on voit un parent autoritaire réussir à se faire obéir au doigt et à l'œil, on se dit souvent: «Quelle belle réussite! Voilà un enfant sage et propre!» Mais si on reçoit les confidences de l'enfant, on s'aperçoit qu'il n'est pas heureux et qu'il vit des conflits intérieurs.

Dans un climat autoritaire, l'enfant n'a pas d'identité propre. Il est, en quelque sorte, le prolongement des parents et doit se conformer de façon totale à ce qu'on attend de lui. Toute dérogation devient source de punition. *On favorise son obéissance, mais non son autonomie.*

L'enfant de parents autoritaires manque de confiance en soi. Il ne connaît pas sa véritable personnalité, car il n'a pas pu la développer. Étant souvent jugé et blâmé lorsqu'il fait des gestes normaux pour son âge, il se sent seul et incompris de ses parents.

Beaucoup d'enfants de parents autoritaires deviennent conformistes. Ils réussissent bien leurs études, endossent de nobles professions, deviennent aussi rigides que leurs parents. C'est souvent à quarante ans que se déclenche une remise en question. Si le psychothérapeute leur demande: «Avez-vous fait une crise d'adolescence?», ils répondent: «Non.» Alors ils doivent, à cet âge, traverser une crise d'identité pour se connaître; expérience qui peut se révéler assez pénible et engendrer divorce, faillite, maladie grave. Il vaut mieux la vivre au moment de l'adolescence.

D'autres enfants se révoltent dans ce climat d'éducation si étroit. Ils s'expriment peu, se renferment et sont même souvent agressifs. Certains «décrochent» de l'école, fuguent ou deviennent délinquants pour rejeter leurs parents trop autoritaires. Ils perdent confiance dans les adultes, ne peuvent créer de relation saine avec personne et, à cause de cela, deviennent irrécupérables.

Recommandation:

Le parent autoritaire a besoin de formation afin de comprendre l'importance de l'affection dans le développement de l'enfant. Il aurait intérêt à ouvrir son esprit pour se rendre compte que le respect est la valeur fondamentale de base des rapports interpersonnels. En demeurant plus étroitement en contact avec ses propres émotions, il peut comprendre davantage celles de ses enfants.

Le parent abusif

Portrait: «Attention, je vais me fâcher!»

Le parent violent et l'abuseur sexuel ont en commun une grande difficulté à communiquer. Ils sont peu en contact avec leurs sentiments. Ils ignorent ce qu'est une relation parentale saine qui tient compte de la vulnérabilité de l'enfant et de ses besoins.

Le parent violent accumule des frustrations, ne règle pas ses problèmes au fur et à mesure. Tout à coup, il éclate et fait des gestes violents, soit en frappant son enfant, soit en lui lançant des paroles dégradantes.

Voyons l'exemple de Serge qui, manquant totalement de contrôle, frappe son fils Luc coiffé à la dernière mode, avec une crosse de fusil, et menace de tuer toute la famille. Huguette, la mère, incohérente, réclame tantôt le suicide collectif, puis s'apitoie ensuite sur chacun, excusant aussi les problèmes du père. Puis, elle le rudoie et l'accuse de causer le malheur du couple. Les psychothérapeutes se succèdent sans pouvoir donner suite à leur intervention, les parents et l'adolescent fuyant toute demande de changement.

Ce parent n'a pas développé de sensibilité aux autres. Par des croyances religieuses ou autres, il combat ses impulsions sexuelles ou agressives, mais n'arrive peu ou pas à les maîtriser. Nombreux, par exemple, sont les religieux impliqués dans des abus sexuels.

Incapable de satisfaire ses besoins sexuels avec une personne de sa génération, l'abuseur sexuel se tourne vers un enfant qui lui paraît plus facile à manipuler et moins menaçant. En général, sa sensibilité et son sens des responsabilités envers les autres sont peu développés; il attribue la cause de son comportement à l'enfant concerné. Sa conjointe est souvent une femme-enfant dépendante.

Peu conscient de l'effet de son comportement sur les autres, le parent abusif ne sent pas le besoin de modifier ses attitudes. Il dira: «C'est elle qui se promenait toute nue dans la maison.»

Armand a une fille de 9 ans qui est entrée dans un système dont elle ne peut sortir facilement: son père adoptif la caresse, lui donne beaucoup de cadeaux en échange de son silence, puis l'entraîne régulièrement dans des jeux sexuels. Sa mère ferme les yeux. Le drame couve, puis éclate au grand jour lorsque l'enfant fait une fugue et dévoile tout à une travailleuse sociale.

Le manque de maturité du parent abusif ne lui permet pas d'assumer la responsabilité de sa propre vie. *Il considère que ses enfants sont d'abord là pour satisfaire ses besoins, et non l'inverse.*

Histoire: Une victime

Souvent victime de violence ou d'abus sexuels, son émotivité est perturbée depuis l'enfance. Adulte, il fait rarement une démarche personnelle, accusant les autres de ses malheurs. Égocentrique, n'ayant reçu que peu d'amour, il utilise les autres comme on l'a utilisé dans sa famille ou au pensionnat. La pauvreté matérielle a souvent une incidence sur la violence. Des problèmes sociaux liés à la survie – chômage, immigration, promiscuité, faim – ont des répercussions de ce genre sur le comportement des adultes envers les enfants. Il arrive aussi que des gens à l'aise, en santé et favorisés socialement, mais dont le développement affectif a été bloqué, soient incapables de respecter autrui tant leurs pulsions sont vives et incontrôlées.

Résultats: perturbations profondes

La jeune victime d'inceste ou de violence a fréquemment des problèmes d'adaptation scolaire et sociale. Cet enfant perd confiance en lui-même et dans les adultes. Sa vie devient une joute menée selon la loi de la jungle. Un fort pourcentage de jeunes abusés deviennent à leur tour des abuseurs.

Ce jeune fait le raisonnement suivant: si les règles de base de la famille comme le tabou de l'inceste ou l'intégrité corporelle sont transgressées, pourquoi les autres valeurs sociales devraient-elles être respectées?

Le parent abusif, d'autre part, est souvent puni par la loi. Il se sent parfois coupable et impuissant.

Reprenons l'histoire d'Huguette et Armand. Pour Huguette, la mère, et Armand, le beau-père, tout est la faute de Geneviève, âgée de 9 ans. Elle est séductrice. La famille se disloque, Geneviève est traumatisée. Elle est placée en centre d'accueil pour «troubles de comportement». Armand séjourne en prison. Devant le commissaire aux libérations conditionnelles, il soutient que c'est la fillette qui «savait beaucoup de choses». Huguette tient à retrouver son conjoint, car la solitude et les difficultés financières lui pèsent. Sa survie prime sur le bien de la fillette qui devra continuer sa vie en famille d'accueil. Le développement sexuel précoce de celle-ci, sa faible estime d'elle-même et peut-être même l'indifférence de la famille d'accueil en font une proie facile.

Un scénario à sensation? Non. C'est un exemple du genre de cas que de nombreux travailleurs sociaux en protection de la jeunesse doivent traiter quotidiennement.

Recommandation:

Le parent abusif est rigide et peu capable de s'améliorer, même si des travailleurs sociaux ou des représentants du système judiciaire lui demandent de changer ses attitudes et ses comportements. Cette clientèle peut difficilement améliorer par ses propres moyens son attitude et son comportement, parce que la confiance est perdue et le chemin à parcourir pour la retrouver paraît trop long.

Ce parent ne peut pas s'en sortir sans aide professionnelle, mais, grâce aux services d'un bon psychothérapeute, la personne qui a usé de violence physique ou commis des abus sexuels pourrait améliorer son comportement. Ce parent doit d'abord saisir les conséquences de ses gestes sur ses enfants. Ensuite, il doit apprendre de nouvelles façons d'entrer en rapport avec eux.

Peut-être que le parent abusif est aux prises avec des problèmes légaux. Souvent, des services spécialisés sont à leur disposition pour les aider à surmonter graduellement une pathologie grave comme la violence ou la pédophilie. La motivation est importante pour être assuré d'un arrêt complet de ses divers abus.

Plusieurs mois, ou même plusieurs années de psychothérapie de groupe peuvent être nécessaires pour produire un réel changement. Malheureusement, les échecs sont fréquents.

Les styles de parents et l'identité des enfants

Abusif
* Utilise les enfants comme exutoire à ses besoins sexuels et à son agressivité.
* Violente les enfants s'ils manifestent des préférences pour d'autres choses que pour ses vices.
* Accumule ses frustrations.
* N'améliore pas son attitude rigide.

Autoritaire
* Ignore la nature profonde des enfants.
* Tend à changer la personnalité des enfants pour que ceux-ci deviennent une copie conforme de lui-même ou de ce qu'il aurait aimé être.
* Exerce son pouvoir de façon absolue.
* N'accepte pas les différences.

Entraîneur
* Reconnaît l'unicité de la personne.
* Fait ressortir ses points forts et ses talents.
* Soutient les enfants lors des difficultés.
* S'engage avec jugement et amour dans son rôle.

Débonnaire
* Manifeste son amour.
* Accepte et respecte les enfants, leur rythme et leurs goûts.
* Offre peu de contrainte, d'encouragement, de stimulation, de soutien dans l'effort.
* Idéalise la capacité des enfants à s'éduquer eux-mêmes.
* Refuse de faire face aux conflits et aux tensions.
* Se désintéresse de la réussite des enfants.

Absent
* Ne porte pas attention aux activités des enfants ni à leur développement.
* Évite les problèmes et les moments importants.
* Refuse les tentatives de rapprochement de la part des enfants.
* Ne remet pas en question son absence.

Les styles de parents et ses relations avec les enfants

Abusif
- Fait porter la responsabilité de ses abus et de ses sévices aux enfants.
- Communique très difficilement.
- Manque de confiance.
- Se barricade derrière l'indifférence, l'insensibilité aux autres.

Autoritaire
- Juge négativement toute personne qui ne partage pas ses idées.
- Ne permet aucune dérogation en ce qui concerne les manières, les fréquentations.
- Impose sa façon de voir.
- Ne laisse pas de place à la dissidence ni aux divergences d'opinion.

Entraîneur
- Entretient des relations intimes, vraies, valorisantes.
- Inspire le respect qu'il témoigne lui-même.
- Manifeste adéquatement son affection.
- Communique efficacement.

Débonnaire
- Réconforte par une attitude positive.
- Protège contre les critiques, même constructives.
- Se laisse outrager, manipuler sans réagir.

Absent
- Évite tout contact verbal ou physique.
- Laisse aller les problèmes sans chercher de solutions.
- Ignore les personnes importantes pour les enfants.
- Évite les conseils offerts pour améliorer sa vie familiale.

Les styles de parents et la santé des enfants

Abusif
- Utilise les moments de soins pour agresser, abuser les enfants.
- Compromet l'intégrité physique par des blessures.
- Traumatise psychologiquement les enfants.

Autoritaire
- Présente les soins par principe et les donne sans plaisir, ni respect, ni douceur.
- Procède avec rigidité: la propreté et l'ordre passent avant les relations humaines.
- Surprotège et surveille de façon critique.
- N'initie pas à l'autonomie parce que trop perfectionniste.

Entraîneur
- Donne les soins de base de façon constante.
- Initie les enfants selon leur âge.
- Tend à rendre les enfants autonomes dans l'application de ses soins.
- Le moment des soins est l'occasion d'une communication agréable.

Débonnaire
- Agit selon les goûts des enfants, les gâte.
- Suit le rythme des enfants.
- Capitule devant leurs résistances.
- Laisse aux enfants la responsabilité de leurs soins avant qu'ils ne soient prêts.

Absent
- Ignore ou suit de loin les soins à donner.
- Ignore les soins spéciaux nécessaires.
- Néglige les demandes des spécialistes.
- Fait des plaisanteries douteuses sur les besoins des enfants.

Les styles de parents et la sécurité des enfants

Abusif
- Ignore les mesures élémentaires de sécurité.
- Provoque volontairement des événements pénibles.
- Nuit aux enfants par des actes violents.
- Menace l'intégrité physique et psychologique des enfants.
- Force les enfants à vivre dans un milieu désorganisé.

Autoritaire
- Voit le danger physique et moral partout.
- «Surcontrôle» sans faire confiance.
- Impose des normes désuètes, inutiles.
- Impose aux enfants un milieu de vie ordonné, mais trop rigide.

Entraîneur
- Surveille les jeunes enfants en offrant des mesures souples, mais efficaces.
- Quand ils en ont l'âge, discute avec eux des mesures de sécurité essentielles.
- Impose certaines règles lors de dangers réels.
- Offre aux enfants un milieu de vie où chacun se sent à l'aise.

Débonnaire
- N'impose pas de limites.
- Laisse les enfants faire leurs expériences et apprendre par eux-mêmes les conséquences de leurs gestes.
- S'apitoie sur ses malheurs.
- Laisse les enfants vivre dans un milieu plus ou moins négligé.

Absent
- Laisse les enfants sans surveillance.
- Néglige de se renseigner sur les mesures de sécurité.
- Expose sans discernement les jeunes à des situations dangereuses.
- Organise son milieu de vie en fonction des adultes exclusivement.

Les styles de parents et les études ou le travail des enfants

Abusif
- Centré sur lui-même, son pouvoir et son plaisir.
- Ignore les véritables besoins des enfants.
- Refuse d'assumer l'impact destructeur de son comportement.

Autoritaire
- Impose son choix d'études ou de travail.
- Refuse catégoriquement les goûts des enfants.
- Exige un très fort rendement scolaire tout en ayant un emploi.

Entraîneur
- S'assure que les enfants s'adaptent à l'école et que celle-ci réponde à leurs besoins.
- Identifie et encourage les talents et les aspirations des enfants.
- Prépare les enfants à accomplir graduellement des travaux rémunérés.

Débonnaire
- Recherche les méthodes éducatives sans efforts.
- Attend que les jeunes manifestent leur désir de travailler et découvrent ce qui leur convient par eux-mêmes.
- Surprotège en cas d'échec.

Absent
- Refuse de s'engager et de guider.
- Ignore la personnalité, les activités et les problèmes des jeunes.
- Fait l'autruche quand de l'information ou de l'aide lui sont offertes.
- Disqualifie l'autre parent ou les autres membres du réseau des enfants.

Les styles de parents et les valeurs des enfants

Abusif
- Pense avant tout à la satisfaction de ses besoins personnels.
- Obéit à ses impulsions.
- Justifie violence et inceste.
- Ses obsessions sont ses valeurs.

Autoritaire
- Insiste sur la tradition et refuse le changement.
- Adopte un système de valeurs rigide.
- Détient la vérité absolue en raison de l'autorité dont il se croit investi.
- N'accepte aucune discussion puisqu'il croit toujours avoir raison.

Entraîneur
- Se passionne pour ses valeurs.
- Maintient un esprit critique positif.
- Veut influencer avec amour.
- Respecte le cheminement, la maturation et le développement des enfants.

Débonnaire
- Adopte des valeurs qui lui font prendre ses souhaits pour la réalité.
- Exclut les difficultés de son sens de la réalité.
- Favorise l'expression sans contrainte de la personnalité.

Absent
- Exclut l'éducation des enfants de ses priorités.
- Se consacre au travail, à la religion, au sport, à l'action sociale, ou autre.
- Accepte sans broncher d'être exclu de l'éducation de ses enfants par le système judiciaire au moment d'un divorce.

Les styles de parents et les conséquences fréquentes chez les enfants

Abusif
- Traumatisés, endurcis, violents.
- Difficultés d'adaptation scolaire et sociale.
- Perte de confiance en soi et dans la vie en général.
- Renfermés, méfiants, dépressifs.
- Abuseurs à leur tour.

Autoritaire
- Fermés avec conflits intérieurs ou agressifs, révoltés, parfois délinquants.
- Manque de confiance en soi.
- Se sentent seuls et incompris.
- Deviennent rigides ou ratent leur vie.
- Sans identité propre.

Entraîneur
- Ont confiance en eux et font confiance aux adultes.
- Sens des responsabilités.
- S'affirment; sont autonomes et créatifs.
- Connaissent leurs points faibles et tendent au dépassement et à la réalisation de soi.
- S'insèrent positivement dans leur milieu.

Débonnaire
- S'apitoient sur leur sort et la vie.
- Sens des responsabilités et esprit d'initiative faibles.
- Rêvent sans l'obtenir d'un monde idéal qui pourrait les accepter.
- Ne résistent pas aux pressions.
- Évoluent tardivement et difficilement vers l'autonomie.

Absent
- Souvent anxieux et même suicidaires.
- Sans confiance ni projet.
- Manquent de structure et d'organisation personnelle.
- Sujets à la drogue et à la prostitution.
- Sentiment d'échec.
- Évolution limitée, parfois carences physiques.

Exercices

- Reprenez chaque type de parents et voyez si vous avez des traits communs avec d'autres types que ceux révélés par le questionnaire.
- Discutez-en avec votre conjoint et complétez vos prises de conscience réciproques avec respect.
- Observez les conséquences de vos attitudes sur vos enfants. Y a-t-il un lien entre leurs difficultés et vos comportements?
- De quels types étaient vos parents?
  > Êtes-vous semblables ou différents?
  > Répétez-vous certains de leurs comportements?
  > En quoi êtes-vous différents? Est-ce un progrès?

Chapitre 4
Devenir *Parent entraîneur*, c'est possible

L'autonomie, but ultime de l'éducation

▶ L E BUT du *Parent entraîneur* est d'amener son enfant à devenir autonome. Voici ma description, mon credo de l'autonomie:

L'autonomie,

c'est *prendre soin de soi,* de son humeur, de sa santé. C'est savoir être bon envers soi-même sans tomber dans la complaisance.

L'autonomie,

c'est *assumer* les conséquences de ses actes, mesurer les suites de ses gestes en répartissant les responsabilités correctement envers soi, les autres ou la situation.

L'autonomie,

c'est *se prendre en main,* malgré des circonstances pénibles telles que le deuil, la maladie, un handicap, le chômage, etc.

L'autonomie,

c'est *saisir les occasions* de se développer, telles que les études, les activités.

L'autonomie,

c'est *s'engager, prendre des responsabilités* en dehors de soi, dans sa famille, dans son groupe social ou dans sa communauté.

L'autonomie,

c'est *s'affirmer* en se respectant soi-même et *régler ses problèmes* au fur et à mesure.

L'autonomie,

c'est aussi *profiter des possibilités* d'être heureux.

L'autonomie,

c'est éprouver le sentiment profond *de pouvoir y arriver par soi-même, tout en ayant la capacité de demander de l'aide à l'occasion.*

L'autonomie,

c'est *se sentir maître de sa vie.*

L'autonomie,

c'est *réaliser la plupart de ses objectifs.*

L'autonomie,

c'est *se sentir bien dans sa peau et être capable de réaliser des projets valorisants.*

**Souhaiter l'autonomie fondamentale
de son enfant,
c'est l'aimer pleinement.**

**Le concept d'autonomie
sert de boussole aux parents.**

L'autonomie est donc la capacité de s'occuper de soi autant sur les plans économique et physique qu'affectif, intellectuel, spirituel et social. *Le Parent entraîneur formule des demandes proportionnelles* à l'âge et au développement de son enfant avec, comme objectif final, *son autonomie entière* lorsqu'il deviendra adulte. Très jeunes, la plupart des enfants disent: «Je suis capable.» Ne pas encourager l'enfant à utiliser ses capacités limite son développement. Le jeune adulte, autonome et fier de l'être, est reconnaissant envers ses parents de lui avoir donné l'occasion de grandir physiquement et moralement. Il a alors tendance à entretenir une communication régulière avec ses parents, les apprécie et estime les liens qui les unissent. Ces relations sont d'autant plus saines qu'il a atteint une certaine maturité sur le plan affectif et sur le plan spirituel, une autonomie sur le plan économique, un sens des valeurs solide et fort.

Le parent peut vivre, de temps à autre, des déchirements lorsque son enfant grandit. Par exemple, au début de l'adolescence, quand l'enfant ne désire plus passer son temps libre en famille ou à l'âge adulte lorsqu'il quitte la maison. Si la relation est réellement saine, ces crises seront acceptables et brèves.

La peur de l'autonomie

Certains parents ont peur de l'autonomie de leurs enfants, qui signifie pour eux l'abandon et le rejet, le conflit; ils croient que la dépendance leur fournit la certitude qu'ils ne seront jamais seuls, surtout lorsqu'ils seront plus âgés. Ces parents ont tendance à maintenir cet état de dépendance à l'égard de leur conjoint ou de leurs propres parents.

En réalité, le jeune adulte qui reste dépendant affectivement ou économiquement à l'égard de ses parents devient agressif, garde rancune à ses parents de cette privation d'indépendance et, très souvent, maintient une distance affective ou physique.

La transmission des valeurs

Les parents ont transmis la vie à leurs enfants. Cela sous-entend qu'il leur faut outiller leurs enfants pour que celle-ci soit valable et satisfaisante. Héritiers d'une culture millénaire et d'un art de vivre, nous ne pouvons faire autrement que d'agir en témoignant de nos convictions.

De quelle façon transmettre des valeurs? D'abord, par l'exemple, en vivant ses valeurs. Si le parent a le sens de la fête, le seul fait de décorer la maison pour Noël et de faire participer ses enfants à cette activité est déjà une façon de les inviter à découvrir une qualité de vie et aussi de leur montrer comment s'organiser.

On peut transmettre des valeurs en partageant le temps d'une activité avec eux. Si, par exemple, on aime patiner ou jouer au soccer, rien de mieux que de le faire avec son enfant, surtout lorsqu'il est très jeune; cela l'encourage, le stimule, lui donne les habitudes et les habiletés de base qui lui serviront toute sa vie. Si on aime l'art, on peut emmener, même un enfant très jeune, regarder des peintures au musée; il s'habitue alors à voir la beauté et souvent, il va s'exclamer. L'inscription à des cours d'arts martiaux, de musique ou de dessin est une autre façon de transmettre sa culture d'une façon active. *Cela demande de la part des parents qu'ils accompagnent les enfants et qu'ils discutent avec les professeurs afin que ceux-ci sentent vraiment leur présence et leur appui.* Cela requiert évidemment beaucoup d'énergie, mais les enfants qui font plusieurs activités sont, en général, plus riches intérieurement et moins portés à la délinquance, qui est, en quelque sorte, le symptôme de l'oisiveté et du désintérêt. Il ne s'agit évidemment pas de surcharger l'enfant de façon à ce qu'il soit stressé et épuisé.

Les enfants sont peu informés et peu imprégnés de ces richesses qui dorment au fond de leur cœur. C'est là la cause du haut taux de suicide chez les adolescents et les jeunes adultes. Les parents n'ont pu leur passer le flambeau pour la simple raison qu'ils n'ont pas cru bon de le faire. Ils ont «respecté» leurs enfants, espérant qu'ainsi ils trouveraient par eux-mêmes des valeurs. Ce fut une erreur monumentale. Il est essentiel de transmettre des valeurs tout en laissant les jeunes les contester, parce que les laisser dans le vide crée des jeunes qui manquent d'initiative, de passion, et qui éprouvent une incapacité de s'organiser dans la vie.

Il peut être intéressant, particulièrement avec des adolescents, même si on fait moins d'activités avec eux, de discuter de ses valeurs spirituelles ou politiques et d'en identifier qui soient plus conformes aux aspirations des jeunes. L'adolescent comprend l'origine et l'essence des convictions de ses parents lorsqu'il est mis en contact avec la pensée, les sentiments, les arguments de ceux-ci. Les parents peuvent aussi transmettre des habiletés sociales à leur enfant; ils en sont les meilleurs formateurs. Par exemple, savoir saluer, se présenter, prendre des nouvelles de ses proches, est un gage de succès dans les relations du jeune adulte qui saura entrer en communication avec ses interlocuteurs de façon positive. Savoir être en bonnes relations avec des personnes comme un employeur permet une meilleure insertion dans le monde du travail. Succès aussi au travail, car la façon de se comporter a un certain effet sur l'insertion dans ce milieu.

La culpabilisation ou la punition, la critique exagérée ont un effet rébarbatif. Lorsque l'enfant, par exemple, veut participer, il est inopportun de lui dire: «Ah! tu salis partout, tu verses le lait de travers», surtout s'il est en bas âge. Soutenir son plaisir et sa création en le guidant est une attitude appropriée.

Il est très important que l'adulte ait fait la paix avec son passé pour être un bon parent. Identifier les valeurs à retenir, les valeurs à rejeter et celles qui, à son insu, continuent de l'habiter amène le parent à évoluer et à améliorer sa conception de la vie.

La vie, la beauté, l'amour, le mal, la souffrance, comme toutes les valeurs sont habituellement un sujet de discussion où la tolérance est exclue. Les adultes défendent leur point de vue avec fanatisme. L'important n'est pas d'avoir raison, mais bien d'avoir des valeurs, de les vivre et de les exposer au grand jour. Accepter que les adolescents puissent vivre d'autres valeurs que celles de leurs parents prépare des dialogues passionnants. S'ouvrir au monde des adolescents est l'une des grandes joies d'être parent.

La volonté de transmettre des valeurs par l'enthousiasme a un impact. La plupart du temps, les jeunes réagissent positivement à nos initiatives. Il arrive parfois qu'ils critiquent, mais cette attitude est préférable au vide, car, en critiquant, les jeunes bâtissent un système de valeurs adaptées à leur propre conception de la vie. La critique et même l'opposition sont préférables à l'absence de discussion. Du choc des idées et des conflits de valeurs naissent des échanges enrichissants, autant pour le parent que pour les jeunes.

Le juste milieu

Pour le *Parent entraîneur*, vivre, c'est composer avec un ensemble d'éléments: la santé, le travail, l'affection, les loisirs, l'argent, etc. C'est, par exemple, répartir le temps qu'il prend pour lui et celui qu'il accorde à son conjoint et à ses enfants. Équilibrer sa vie requiert de maintenir le cap sur ses objectifs en intégrant les hauts et les bas de la vie.

Le thermomètre des styles de parents illustre le juste milieu que doit atteindre et maintenir le *Parent entraîneur* en répondant aux besoins de ses enfants. Il touchera le juste milieu dans ses interventions par une attitude claire qui manifeste son affection, transmet une éducation et assure la santé et la sécurité de ses enfants.

Éléments de cet équilibre

La recherche du juste milieu consiste à *évaluer* et à *adapter* le degré de responsabilité d'après ce que l'enfant ou l'adolescent peut assumer, dans chaque situation.

Par exemple, si François, 5 ans, veut rester seul à la maison, cela est difficilement réalisable puisqu'il n'est pas en mesure d'affronter des situations dramatiques comme le feu ou le vol. Par contre, si Frédéric, 10 ans, veut rester une heure seul à la maison, dans la mesure où il n'utilise pas les appareils électroménagers et qu'il reste à l'intérieur de la maison, cela devient possible. Marie-Luce, 15 ans, qui est particulièrement responsable, peut rester durant toute la fin de semaine seule à la maison si elle ne désire pas suivre ses parents.

Il en va de même pour le jeune adulte de 20 ans. Si Hugues revient à la maison parce qu'il est sans emploi, mais qu'il a fait d'énormes efforts pour s'en trouver un, l'accueil est fort différent de celui qu'on peut accorder à France qui, délibérément, a quitté le sien.

Le *Parent entraîneur* utilise *son discernement* pour maintenir une certaine forme d'encadrement et laisser à l'enfant la chance d'être responsable. Les enfants bien élevés l'apprécient et le disent. «Tu es correcte», dit Marie-Josée à sa mère au moment d'une conversation sur la façon dont les autres jeunes de son entourage sont éduqués.

À première vue, cela semble plus exigeant qu'un autre style d'éducation, mais, à moyen terme, les parents se rendent compte que c'est beaucoup plus facile d'agir continuellement de façon cohérente avec leurs enfants en étant présents, en réglant au fur et à mesure les problèmes, en assurant un encadrement fondé sur des objectifs expliqués ouvertement et adaptés à leur mode de vie.

La disponibilité est une des façons de manifester de l'affection, d'être transparent et d'expliquer ses valeurs. Elle est, en effet, une bonne manière d'utiliser son discernement, car lorsqu'on connaît bien une personne, on peut prendre de meilleures décisions. Être disponible consiste à être capable de parler de soi, donc de révéler qui on est et de faire connaître ses aspirations dans la vie. Le parent demeure un modèle vivant pour ses enfants et ses adolescents. L'enfant observant ses parents tire des leçons de leurs attitudes et de leurs comportements devant les épreuves. Le parent qui vit séparé de son enfant peut aussi rester disponible et trouver les moyens d'entrer régulièrement en contact avec lui, soit par des visites, des appels téléphoniques, soit par correspondance.

L'une des bonnes façons d'assurer un bon encadrement est de prendre quinze minutes par jour avec chacun de ses enfants pour établir un contact intime avec lui, par exemple, à l'heure du coucher ou au repas, à condition, bien sûr, de fermer le téléviseur.

Ce contact quotidien crée l'intimité et renforce les liens et la communication de jour en jour. Les enfants apprécient de pouvoir parler régulièrement avec leurs parents. Les adolescents sont généralement heureux de sentir que leurs parents s'intéressent à eux. Cette disponibilité avec les adolescents peut se manifester par une simple écoute, sans trop poser de questions: le jeune parle lorsqu'il sait que l'adulte veut le comprendre et favoriser sa propre identité.

Même si l'adolescent dit qu'il préfère ses amis à ses parents, les recherches nous démontrent que les parents restent les personnes les plus importantes dans sa vie.

Les jeunes adultes qui cherchent à atteindre leur autonomie sont parfois réticents à se confier aux adultes d'une façon régulière. Il est fréquent de voir un jeune adulte commencer à parler avec ses parents vers minuit. Il vaut mieux prendre quelques minutes à cette heure-là, même s'il est tard, afin de maintenir le contact et s'assurer que le jeune adulte entre avec confiance et aisance dans la vie, car c'est une période très difficile de l'existence: le jeune choisit son mode de vie et prend des décisions importantes. Il a, en outre, à s'adapter au travail, et, éventuellement, à une vie de couple.

Les droits des jeunes

Dans l'organisation de sa vie, dans ses attitudes et ses comportements, tout parent a comme fonction d'assurer protection et éducation à son enfant tout en lui enseignant à assumer les conséquences des gestes qu'il fait. Comme adulte, le parent a des responsabilités vis-à-vis de ses enfants et ceux de son milieu. Les droits de l'enfant deviennent une haute priorité d'une société civilisée, qui dépasse la «loi de la jungle» et met de l'avant des valeurs humanitaires.

La Loi sur la protection de la jeunesse a sensibilisé notre milieu aux droits des jeunes, en précisant que l'intérêt et le respect des droits de l'enfant doivent être les motifs déterminants lorsqu'on prend des décisions à son sujet. Le principe de la responsabilité première des parents y est reconnu; mais si la sécurité ou le développement d'un enfant est compromis, le directeur de la Protection de la jeunesse peut prendre des mesures pour que les droits de cet enfant soient respectés. Cette convention crée une nouvelle mentalité, un nouveau type de civilisation.

Le *Parent entraîneur* intègre ce nouveau cadre de référence. Il respecte ses enfants et désire être respecté par eux. Le *Parent entraîneur* respecte les droits de son enfant et de l'enfant du conjoint. Dans sa famille, il manifeste de la considération pour chaque personne. Ainsi, il emploie un langage empreint de courtoisie; le règlement des conflits passe par la négociation; la transmission des valeurs fondamentales se fait dans le respect des choix de chacun.

On ne peut que souhaiter que la Convention des Nations unies sur les droits de l'enfant, ratifiée par plusieurs pays, influence nos lois. Cette convention, adoptée par la Commission des droits de l'homme, est un véritable traité: les États signataires s'engagent formellement à adapter leur législation aux principes qui y sont énoncés et ses articles auront préséance sur les lois nationales. Au Canada, avec la Charte des droits et libertés, elle influencera la vie des enfants et permettra de vivre des rapports d'égalité et de réciprocité.

Ceci suppose un changement de mentalité. L'intégration dans la vie quotidienne du respect des droits amène graduellement l'enfant, l'adolescent, puis le jeune adulte à comprendre ce que représente le respect de soi et des autres, à saisir que «les mêmes droits créent les mêmes obligations».

Articles de la convention relatifs à l'éducation qui ont un impact sur la vie familiale[3]:

Article 29
1. Les États parties conviennent que l'éducation de l'enfant doit viser à:
    a) favoriser l'épanouissement de la personnalité de l'enfant et le développement de ses dons et de ses aptitudes mentales et physiques, dans toute la mesure de leurs potentialités;
    b) inculquer à l'enfant le respect des droits de l'homme et des libertés fondamentales, et des principes consacrés dans la Charte des Nations unies;
    c) inculquer à l'enfant le respect de ses parents, de son identité, de sa langue et de ses valeurs culturelles, ainsi que le respect des valeurs nationales du pays dans lequel il vit, du pays duquel il peut être originaire et des civilisations différentes de la sienne;
    d) préparer l'enfant à assumer les responsabilités de la vie dans une société libre, dans un esprit de compréhension, de paix, de tolérance, d'égalité entre les sexes et d'amitié entre tous les peuples et groupes ethniques, nationaux et religieux, et avec les personnes d'origine autochtone;
    e) inculquer à l'enfant le respect du milieu naturel.

Article 31
1. Les États parties reconnaissent à l'enfant le droit au repos et aux loisirs, de se livrer au jeu et à des activités récréatives propres à son âge, et de participer librement à la vie culturelle et artistique.

Articles relatifs à la santé et à la sécurité:

Article 19
1. Les États parties prennent toutes les mesures législatives, administratives, sociales et éducatives appropriées pour protéger l'enfant contre toutes formes de violence, d'atteinte et de brutalités physiques ou mentales, d'abandon ou de négligence, de mauvais traite-

3. Assemblée générale des Nations unies, *Convention des Nations unies sur les droits de l'enfant*, Texte officiel et intégral, adopté le 20 novembre 1989.

ments ou d'exploitation, y compris la violence sexuelle, pendant qu'il est sous la garde de ses parents ou de l'un d'eux, de son ou ses représentants légaux ou de toute autre personne à qui il est confié.

2. Ces mesures de protection comprendront selon qu'il conviendra, des procédures efficaces pour l'établissement de programmes sociaux visant à fournir l'appui nécessaire à l'enfant et à ceux à qui il est confié, ainsi que pour d'autres formes de prévention, et aux fins d'identification, de rapport, de renvoi, d'enquête, de traitement et de suivi pour les cas de mauvais traitements de l'enfant décrits ci-dessus, et comprendront également selon qu'il conviendra, des procédures d'intervention judiciaire.

Article 27

1. Les États parties reconnaissent le droit à tout enfant à un niveau de vie suffisant pour permettre son développement physique, mental, spirituel, moral et social.

2. C'est aux parents ou autres personnes ayant la charge de l'enfant qu'incombe au premier chef la responsabilité d'assurer, dans les limites de leurs possibilités et de leurs moyens financiers, les conditions de vie nécessaires au développement de l'enfant.

3. Les États parties adoptent les mesures appropriées, compte tenu des conditions nationales et dans la mesure de leurs moyens, pour aider les parents et autres personnes ayant la charge de l'enfant à mettre en œuvre ce droit et offrent, en cas de besoin, une assistance matérielle et des programmes d'appui, notamment en ce qui concerne l'alimentation, le vêtement et le logement.

4. Les États parties prennent toutes les mesures appropriées en vue d'assurer le recouvrement de la pension alimentaire de l'enfant auprès de ses parents ou des autres personnes ayant une responsabilité financière à son égard, que ce soit sur leur territoire ou à l'étranger. En particulier, pour tenir compte des cas où la personne qui a une responsabilité financière à l'égard de l'enfant vit dans un État autre que celui de l'enfant, les États parties favorisent l'adhésion à des accords internationaux ou la conclusion de tels accords ainsi que l'adoption de tous autres arrangements appropriés.

Les objectifs du *Parent entraîneur*

Le *Parent entraîneur* poursuit trois objectifs: il assure à chacun de ses enfants, selon leur âge et leur développement, *la santé-sécurité, l'affection et l'éducation.*

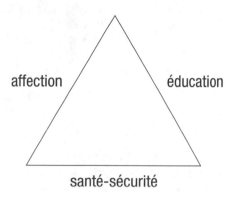

Les trois besoins essentiels des enfants

La santé-sécurité

Pour survivre, l'enfant a besoin de beaucoup de soins de santé-sécurité, particulièrement le bébé qui, pour continuer sa vie, doit être protégé contre le froid, la chaleur excessive; il a besoin d'être nourri et touché, cajolé, bercé, soigné, lavé, etc. Il a besoin de ressentir l'affection pour se développer sinon il peut être déprimé ou carencé.

Une alimentation saine, de l'exercice, l'air pur sont essentiels. Trois systèmes de soins s'offrent au parent. Celui de la médecine officielle recommande d'immuniser l'enfant par des vaccins et de régler son alimentation sur le nouveau *Guide alimentaire national*.

Celui de l'hygiène naturelle ne préconise aucune vaccination, recommande une alimentation saine et des conditions de vie appropriées au développement de l'enfant.

Un système mixte se compose d'éléments des deux autres systèmes auxquels on peut joindre à l'occasion, par exemple, l'homéopathie. Cette troisième voie exige beaucoup de discernement.

Parmi ces facteurs, l'alimentation est fondamentale, car l'état physiologique de l'enfant dépend en grande partie de la qualité de la nourriture que ses parents lui procurent. La médiocrité de la nutrition cause en effet de nombreux problèmes de santé et de comportement chez l'enfant.

Tout au début de sa vie, l'enfant bénéficie davantage de l'allaitement maternel, ce qui permet de bonnes conditions affectives.

Par la suite, la consommation habituelle des fruits, des légumes et du jus qu'on en tire forme le goût de l'enfant et l'amène à préférer les aliments sains et naturels aux produits préparés qui contiennent pour la plupart une grande quantité de sucre blanc et souvent une forte dose de colorants et autres additifs, deux importants facteurs néfastes à l'ensemble des systèmes organique et nerveux. L'enfant que l'on nomme «hyperactif» en souffre plus particulièrement et on observe une nette amélioration dans son comportement lorsqu'on élimine ces éléments nocifs de son alimentation.

Pour les autres facteurs de santé, il est préférable d'agir avec cohérence et efficacité pour appliquer un seul système. Explorer les médecines douces pour prévenir les maladies et surtout pour construire une santé solide est un choix très valable; leur popularité croissante le prouve. Il est possible, par exemple, de prévenir efficacement les infections de la gorge et des oreilles en nourrissant adéquatement son enfant et en lui offrant certains traitements homéopathiques au besoin. Les antibiotiques, dont on découvre les effets secondaires néfastes ne devraient être administrés qu'en de très rares occasions. En effet, l'enfant soumis à une consommation régulière d'antibiotiques voit sa barrière immunitaire s'affaiblir et les bases de sa santé présente et future s'en trouvent ébranlées.

Des mesures de sécurité s'imposent, telles que le siège d'auto, une clôture devant certains escaliers, les produits domestiques et pharmaceutiques hors de portée, etc. Des règles pour traverser la rue ou se comporter autour et dans la piscine sont de rigueur. Le cadeau d'une bicyclette à un enfant ou un adolescent peut être l'occasion de le motiver à porter le casque de sécurité.

L'affection

Naturellement, par le toucher, le regard et des sourires, les enfants manifestent leur attachement. L'enfant compte recevoir un amour inconditionnel de façon constante et il le ressent même si les parents sont fâchés contre lui. Cette chaleur humaine le nourrit, lui permet d'accroître sa confiance en lui, renforce son moi, lui permet d'accéder à une plus grande maturité. Si on a été heureux, entouré, on ressent beaucoup d'amour en soi, autour de soi et on le donne spontanément à son tour.

L'une des bonnes façons d'exprimer son amour à son enfant est de lui faire sentir combien sa présence apporte de joie et de bonheur. Il importe aussi de lui montrer qu'il est accepté tel qu'il est avec toutes ses caractéristiques et ses limites. Par exemple, valoriser les «chefs-d'œuvre» des enfants les encourage et leur donne confiance: cela peut être une construction, un spectacle ou un gribouillis que l'on place en évidence. Tous les gestes de tendresse, comme se blottir l'un contre l'autre et expérimenter le plaisir d'être bien ensemble, sont d'excellentes manières de manifester son affection.

Le parent continue de donner ces marques d'affection durant l'adolescence, aux garçons comme aux filles, car à tout âge l'enfant a besoin d'être apprécié et reconnu par ses parents. Lorsque l'enfant ou l'adolescent traverse une phase difficile, cette confiance reste la base solide sur laquelle s'appuyer. À la crise d'adolescence, le jeune exprime souvent sa frustration de ne pas être accepté tel qu'il est en s'opposant systématiquement aux parents et en leur reprochant leur manque de confiance.

Une confrontation occasionnelle et circonscrite dans le temps, exempte de colère et de reproches venant du passé, est souvent un cadeau que le parent fait à l'enfant ou à l'adolescent. Voulant s'opposer à un mode de vie où tout le monde intervenait dans les affaires des autres, souvent d'une façon critique et destructive, la société actuelle privilégie la non-intervention et le laisser-faire. Poussée à l'extrême, cette attitude crée des relations superficielles où tout est beau, tout est correct, mais où manque l'impact réel de ce que l'autre ressent vraiment. Lorsqu'ils vivent une communication ouverte, les jeunes sont tout à fait capables de prendre ce qui leur convient et de laisser tomber ce qui les agresse trop profondément, et ce qui leur paraît injuste. Ces chocs sont constructifs.

Certains enfants sont plus renfermés; ils créent difficilement une relation de confiance et de communication. Ils viennent moins spontanément vers les adultes et semblent ne pas avoir besoin d'attention ou d'affection. C'est à l'adulte de trouver comment les apprivoiser, car leur besoin de contact reste là, même s'il est enfoui profondément en eux-mêmes.

L'expérience de Barry Neil Kaufman et de son épouse, Suzi Kaufman, auteurs du livre *Un miracle de l'amour*, fournit un bon exemple de ce que l'on peut faire avec un enfant autiste ou introverti. Jour après jour, douze heures par jour, ils stimulent affectueusement par des jeux, des caresses leur fils Raun et en arrivent à le tirer d'un autisme, c'est-à-dire d'une incapacité de communiquer avec le monde extérieur. La description de leurs gestes et de leur questionnement est une source d'inspiration pour qui veut comprendre combien l'amour est un excellent moyen d'aider les enfants à s'épanouir.

Je pense aussi au cas de Flavie, surnommée la petite lionne. Elle ne peut croire que ses parents l'aiment. À 11 ans, elle est complètement rebelle et emprunte le chemin de la délinquance. Elle se laisse entraîner par un groupe de jeunes insoumis, elle fréquente des jeunes adultes de 20 ans et plus qui l'ont initiée sexuellement. Flavie croit que si on l'aimait, on la laisserait faire tout ce qu'elle veut, y compris ses actes de délinquance. Notre intervention a consisté à la protéger d'abord en établissant graduellement une relation avec elle. Elle aime se faire appeler «la petite lionne» et se faire apprivoiser. Le contact fut lent à s'établir. En réalité, même si elle a 11 ans, Flavie a le comportement affectif d'un enfant beaucoup plus jeune; elle ne s'est jamais vraiment développée sur ce plan, malgré les efforts répétés de ses parents. Flavie a besoin d'un supplément d'attention pour être capable de créer une relation de confiance avec elle-même et avec les autres.

À 15 ans, Mélanie a honte d'admettre qu'elle a peur le soir, la nuit. Elle n'ose pas en parler à ses parents. Elle est terrifiée. Elle se réfugie auprès de ses amies et commence à utiliser de la drogue pour oublier ce problème qui la hante sans cesse. Ses parents me consultent en thérapie familiale sans trop savoir exactement le fond du problème. Peu à peu, se sentant soutenus par la thérapeute, ils approfondissent leur relation avec Mélanie, lui accordent plus d'attention, lui prêtent une oreille plus attentive et l'encouragent à exprimer ses sentiments.

L'affection est le baume qui rend la vie agréable. Pouvoir s'exprimer dans une atmosphère de joie et de réceptivité constitue la meilleure source de confiance en soi. À cause des limites de chacun, le parent ne peut pas toujours dire à son enfant: «Tu es exactement l'enfant que j'ai rêvé d'avoir.» La réciproque est aussi possible. Les enfants passent par des périodes qui mettent à rude épreuve la patience des parents, par exemple lorsqu'ils commencent à marcher et qu'ils grimpent partout. À d'autres moments, les comportements des enfants laissent les parents désemparés, bouleversés, par exemple lorsque, devenus jeunes adultes, ils pensent à les quitter. Si le parent est heureux d'avoir mis des enfants au monde ou de les avoir adoptés, s'il maintient ce sentiment d'affection stable et constant malgré les émotions de toutes sortes et s'il possède l'art de le transmettre par un regard, un geste, un mot, l'enfant sentira la chaleur de l'amour véritable, et c'est ce qui importe.

L'absence d'affection peut causer des carences affectives qui se manifestent par une faible estime de soi, un manque de confiance dans ses projets et une difficulté à créer et à maintenir des relations intimes.

L'éducation

Vivre en ce siècle sur cette planète demande un certain courage. Créer, évoluer, donner la vie, éduquer ses enfants, cela devient toute une entreprise: faire émerger du néant la beauté, l'amour.

L'importance de la tâche d'éducation, plus précisément la transmission des valeurs – les façons propres à chacun de choisir et de cultiver sa qualité de vie – devient une évidence pour tout parent désireux de léguer à son enfant l'idéal qui lui paraît le meilleur.

Le *Parent entraîneur* considère la transmission des valeurs comme une tâche essentielle. Chacun est porteur de valeurs telles que le respect, l'honnêteté, l'amour de la nature, la connaissance, la propreté, la joie de vivre, la communication, l'écologie, l'art, le sens de la famille, la beauté, le sport, etc.

Transmettre des valeurs à l'enfant, c'est le rendre plus riche intérieurement et lui procurer des appuis sur lesquels il pourra fonder l'orientation générale de sa vie. Un jeune éduqué convenablement apparaît souvent bien structuré, détendu et joyeux. Cette structure lui vient de valeurs transmises avec cohérence et jugement dans un dosage progressif.

Malheureusement, les enfants d'aujourd'hui sont peu informés et peu imprégnés de ces richesses qui dorment au fond du cœur de leurs parents. Tantôt un souci exagéré de respect, tantôt le sentiment confus que leurs valeurs sont démodées et, quelquefois, le manque de temps font que les parents s'abstiennent d'affirmer et d'expliquer leurs convictions et perdent ainsi l'occasion de passer le flambeau à leurs enfants qui, laissés dans un vide total de références, trouvent difficile d'échafauder un système de valeurs personnelles. La transmission des valeurs est parfois bloquée par une attitude trop rigoriste des parents: la culpabilisation ou la punition, la critique exagérée, la rigidité camouflent une agressivité qui surgit d'un passé mal intégré. Il serait bénéfique d'éclaircir ces points obscurs afin d'identifier les valeurs à conserver et à rejeter.

Éduquer veut dire conduire, expliquer, faire des choix sur des méthodes et des activités que l'on juge conformes à ses valeurs.

C'est intervenir en paix pour affirmer qu'une conduite est préférable à une autre.

Le *Parent entraîneur* est autonome et responsable

Le *Parent entraîneur* est avant tout une personne équilibrée qui sait à la fois transmettre ses valeurs tout en donnant l'affection et les soins de santé appropriés. Il est heureux d'être un parent; fier de l'être, il se sent responsable du cadre familial qu'il crée et du milieu auquel il appartient. Le parent n'est évidemment pas parfait, il le sait et cherche continuellement à s'améliorer.

Ce parent veut tenir l'équilibre entre son vécu antérieur, son propre caractère et ses objectifs éducatifs. Il sait qu'il peut être parfois tenté de réaliser, à travers son enfant, les expériences qui lui ont manqué à lui-même dans sa jeunesse, comme aller à l'université ou être un athlète professionnel. Il se rappelle que son enfant est un individu qui a des aptitudes et des goûts différents des siens. Même si cet équilibre semble un idéal difficile à atteindre, le *Parent entraîneur*, outillé d'une méthode efficace, obtient des résultats encourageants auprès de son enfant. Le jeune ainsi guidé apprend un système de valeurs qui l'aide à se structurer, se construire, à faire face à la vie avec plaisir et devient un adulte solide, autonome et heureux.

Être soi-même autonome

Ce parent est un adulte qui assume son autonomie, tend à sa réalisation personnelle et est généralement heureux dans la vie. Il trouve en lui les ressources pour faire face aux épreuves, se sait maître de sa destinée et en assume la responsabilité. Il s'aime lui-même et accepte ses limites. Il manifeste son affection tout en respectant son entourage.

Le *Parent entraîneur* a des enfants par choix. Il profite de la présence des enfants dans sa vie non pour combler un vide intérieur, mais pour partager son amour.

S'il éprouve des difficultés personnelles, il ne compte pas outre mesure sur l'aide de son enfant; il puise d'abord des ressources en lui-même puis il déborde auprès de ses amis, des gens de son milieu, ou cherche des conseils auprès de professionnels chaleureux et compétents.

Fier de son enfant, il lui démontre combien sa présence lui apporte de joie. Il équilibre dons et exigences. Il sait exiger de ses enfants qu'ils donnent leur pleine mesure selon leur âge et leur développement propre. Ainsi, il acquiert le respect et la confiance de ses enfants, quel que soit leur âge. Ce respect mutuel est la base d'un contrat de relations fructueuses.

Être soi-même responsable

Le *Parent entraîneur* est conscient des responsabilités que cette tâche comporte. Un portrait idéal? Oui et non. Oui, car comme tout le monde, il connaît des hauts et des bas dans la vie et il reste imparfait physiquement, affectivement, intellectuellement ou socialement; il a lui aussi ses côtés fragiles et même monstrueux. Non, car lorsqu'il utilise ses forces, son être profond d'où surgit énergiquement sa beauté unique, il peut atteindre un haut degré d'accomplissement du dessein qu'il se propose. Même si en réalité leur comportement varie d'un style à l'autre, la plupart des parents répondent en grande partie à ce tableau et c'est réconfortant pour eux de savoir qu'ils sont sur la bonne voie.

Amener l'enfant à être autonome est l'idéal de tout éducateur. Cet engagement dure plus de vingt ans et se renouvelle tous les jours par des interventions suivies. Le but du *Parent entraîneur* est de répondre aux trois besoins essentiels de son enfant lorsqu'il est bébé, jeune enfant, adolescent ou jeune adulte. Il s'acquitte de ses responsabilités envers lui-même. Il prend soin de sa santé, s'en informe. Il est fiable dans ses relations avec les personnes de son entourage et travaille pour gagner sa vie ou est en recherche d'emploi.

Les deux types de *Parents entraîneurs*: l'affectif et l'éducatif

Lors d'évaluations de couples qui désirent faire des adoptions internationales et à l'occasion de nombreuses pychothérapies familiales, j'ai observé deux types de *Parents entraîneurs*: le type affectif et le type éducatif. Hommes ou femmes peuvent tenir indifféremment l'un ou l'autre rôle. Par contre, tous les couples sont composés de l'un et de l'autre. J'ai remarqué que tous les couples parentaux de style entraîneur étaient composés d'un *Parent entraîneur* de type affectif et d'un *Parent entraîneur* de type éducatif.

Le type affectif

Le *Parent entraîneur* de type affectif est celui qui donne d'emblée l'importance aux manifestations de l'affection. Pour lui, communiquer avec l'enfant, le respecter de façon inconditionnelle est à la base de sa relation avec son enfant. Cela ne l'empêche pas d'assurer aussi la santé-sécurité et l'éducation, mais sa force est vraiment dans la relation.

Le *Parent entraîneur* de type affectif protège son enfant et le soigne attentivement. Il respecte ses talents et a tendance à l'accepter sans lui mettre de conditions.

Tous les enfants ont besoin de ce type d'amour inconditionnel. À l'occasion, ce type de parent a tendance à devenir débonnaire en situations tendues.

Cependant, mon expérience en thérapie familiale me démontre que le parent affectif, en cas de conflit majeur – par exemple une crise d'adolescence aiguë – peut se refermer complètement face à son enfant, et cela, pendant de nombreuses années. Pour que son cœur s'ouvre à nouveau à la relation, cela peut nécessiter de multiples démarches.

> **Caractéristiques du parent affectif:**
> - accorde la première place à l'affection;
> - crée un milieu acceptant et sécurisant;
> - respecte la personnalité et le rythme de l'enfant;
> - a tendance à effectuer un rejet total en cas de conflit majeur.

Le type éducatif

Le *Parent entraîneur* de type éducatif met davantage l'accent sur l'éducation, l'encadrement et les valeurs. Il cherche continuellement à amener son enfant à améliorer son comportement et à aller vers de nouveaux objectifs, de nouveaux défis. La formation, l'apprentissage d'habiletés nouvelles sont pour lui importantes.

Ce type de parent a tendance à devenir autoritaire en situations tendues.

Le parent de type éducatif entre facilement en conflit avec ses enfants. Il voit à tous les détails et ne craint pas de manifester, ce qui peut être désagréable dans le quotidien. En cas de crises majeures, il maintient la relation contre vents et marées.

> **Caractéristiques du parent éducatif:**
> - accorde la première place à l'éducation;
> - perçoit facilement les forces et les difficultés de l'enfant;
> - fait des interventions précises et en assure le suivi;
> - entre facilement en conflit mais maintient le contact malgré les crises majeures.

Erich Fromm évoque, dans *L'art d'aimer,* deux types d'amour: l'amour conditionnel et l'amour inconditionnel. Il attribue principalement au père l'amour conditionnel qui présente les caractéristiques suivantes.

Son *principe* est celui-ci: je t'aime parce que tu réponds à mes attentes, parce que tu fais ton devoir, parce que tu me ressembles.

Puisque son amour est conditionnel, il est en mon pouvoir de l'acquérir, je puis œuvrer en ce sens. Être aimé en vertu de sa valeur laisse toujours place au doute.

Pour Fromm, la mère représente l'amour inconditionnel qui se manifeste de la façon suivante.

Son *principe* est celui-ci: je suis aimé pour ce que je suis et par ce que je suis.

Cette forme d'amour répond à l'un des plus profonds désirs nostalgiques.

Mais, reconnaît-il, il existe des pères qui aiment de façon inconditionnelle et des mères de façon conditionnelle. L'important est que les enfants soient en contact avec les deux principes.

Si on applique les deux portraits au *Parent entraîneur*, on peut dire que:

> *le Parent entraîneur de type affectif*
> *aime ses enfants inconditionnellement;*
> *le Parent entraîneur de type éducatif*
> *aime ses enfants conditionnellement.*

Les couples sont toujours ainsi formés. Les enfants ont besoin des deux types d'amour pour se développer.

Rôles complémentaires

Les principales difficultés que rencontre un couple – formé inévitablement d'un parent affectif et d'un parent éducatif – sont la compétition et le manque de respect. L'affectif considère les exigences de l'éducatif comme abusives. L'éducatif craint que les enfants soient trop gâtés par l'affectif.

Tous deux auraient avantage à collaborer, sachant que leur couple est ainsi composé et que cela est naturel, tout comme l'un est auditif et l'autre visuel. Les enfants ont besoin autant de l'un que de l'autre pour leur développement. Lors d'une thérapie familiale, je fais rapidement en sorte que chacun prenne conscience du type auquel il appartient, reconnaisse ses propres qualités et accepte celles de l'autre. Ainsi, les enfants sentiront leurs parents unis, bien que différents, et bénéficieront d'une éducation cohérente.

Une façon de collaborer consiste à identifier les forces de chacun et à garder sa spécialité. Les enfants ont besoin d'être bercés, compris, ils ont aussi besoin d'être éduqués et formés. Le parent éducatif aime généralement s'occuper des travaux scolaires. Le parent affectif préfère s'occuper du coucher, de cajoler, raconter des histoires.

Le respect des différentes compétences assure le succès du couple parental. Si l'éducatif dit: «Tiens-toi bien à table, enlève tes doigts de ton nez», il est important que l'affectif ne dise pas: «Arrête de lui tomber toujours sur la tête, cet enfant-là a droit de respirer.» Par contre, l'éducatif aurait avantage à ne pas dire à l'affectif: «Cesse de le bercer ou de croire tout ce qu'il te dit.»

Ce n'est pas la différence entre les parents, mais leur intolérance l'un envers l'autre qui cause des problèmes à l'enfant... et à leur relation de couple. Lorsqu'un parent est débonnaire et oublie la moitié de la réalité, l'autre a tendance à prendre le rôle d'éducateur autoritaire et à donner des ordres.

Par de bonnes discussions et un plan de collaboration, une initiation à la résolution de problèmes, les parents pourront trouver graduellement des attitudes acceptables. Par exemple, ils pourront savoir comment organiser l'heure de rentrée le soir pour que les enfants reçoivent un bon encadrement, décider comment rendre l'heure du coucher à la fois souple et bouclée à une heure raisonnable et choisir comment agir avec Bérénice, 14 ans, qui veut rentrer à deux heures du matin d'une fête chez des amis.

En général, lorsqu'on réussit à s'entendre sur *cinq éléments précis pour d'encadrer* chaque enfant, la maisonnée est plus calme, les enfants plus coopératifs et les parents plus détendus. Par exemple, si l'on s'entend sur les heures des repas, les heures du coucher, les heures de rentrée, l'ordre dans la maison et la répartition des tâches domestiques, le climat est assez harmonieux.

Une discussion familiale sur chacun de ces éléments avec l'objectif de trouver un compromis acceptable de part et d'autre est un premier pas très utile. C'est le moyen d'établir un bon encadrement, d'apprendre à coopérer en respectant les différences personnelles.

Organisation de la vie du *Parent entraîneur*

Le *Parent entraîneur* cherche à créer un milieu de vie de qualité. En tenant compte de lui-même et de son conjoint, il donne beaucoup d'importance à ses enfants, surtout lorsqu'ils sont très petits. Conscient que cette étape est relativement courte, mais en même temps cruciale pour le développement des enfants, le *Parent entraîneur*, de bon cœur, y consacre temps et énergie.

Combler les besoins de ses enfants devient un mode de vie dont on est fier. Même s'il doit temporairement ralentir certains de ses projets tels qu'une vie sociale et une carrière très remplies, il trouve des satisfactions incomparables à s'occuper de ses enfants de manière efficace. D'ailleurs ceux-ci, remplis d'un sentiment de sécurité, le lui rendent bien.

Si les deux parents travaillent toute la journée, l'emploi du temps exige beaucoup d'organisation, surtout tôt le matin et le soir au souper ou au coucher. Une bonne répartition des tâches se révèle nécessaire. Le plus difficile reste à réserver du temps pour bercer les plus jeunes et jouer avec eux, pour écouter les adolescents et discuter avec eux. En travaillant avec des familles ayant un enfant en difficulté, je me suis rendu compte qu'après une lourde journée de travail et l'accomplissement des tâches ménagères, peu étaient enclins à passer du temps «gratuit» avec leur enfant. Pourtant, on peut régler et même prévenir de nombreux problèmes en prenant un moment de détente avec ses enfants. Certaines familles s'organisent de façon à ce que le père et la mère alternent chaque soir avec chaque enfant de façon à ce que le lien entre chacun soit bien nourri. Durant la fin de semaine, une activité intéressante est organisée: pique-nique, souper ou déjeuner spécial, visite d'un musée, randonnée à bicyclette ou descente en ski. C'est par le plaisir et la joie que le *Parent entraîneur* fait vivre de bons moments à ses enfants.

Prendre sa place

Les parents, surtout si leurs enfants éprouvent des difficultés – ce qui se produit souvent – se sentent dévalorisés. Fréquemment, les intervenants leur renvoient une mauvaise image d'eux- mêmes, les pointant comme étant la cause des problèmes.

Le *Parent entraîneur* s'affirme comme une personne qui fait de son mieux et qui a l'intelligence de demander de l'aide. Conscient de la valeur de son rôle et de l'excellente façon dont il assume ses responsabilités, il s'affirme, même si parfois il est anxieux. Il demande et exige une qualité de service de l'école ou des services de santé. Il participe, même s'il essuie des critiques, et finit par créer des relations significatives avec les enseignants, la direction, l'entraîneur sportif, le médecin ou le conseiller de son enfant.

Le *Parent entraîneur prend le risque* de s'affirmer et offre positivement sa participation. D'ailleurs, le sport amateur chez les enfants repose sur le bénévolat des pères.

Le *Parent entraîneur* prend sa place, fier de son rôle et de sa compétence, ouvert aux critiques constructives qui ont pour but d'améliorer le sort de son enfant.

Exercices

1. Mettez sur papier:
   a) les valeurs que chacun désire transmettre à ses enfants;
   b) les moyens que chacun désire employer pour y arriver.
2. Discutez-en entre conjoints ou avec le parent des enfants, puis avec vos enfants s'ils sont d'âge à le faire.
3. Mettez ces valeurs et ces moyens sous forme de tableau et affichez ce document dans la maison.
4. Déterminez qui est le parent affectif et qui est le parent éducatif dans votre couple.
5. Déterminez si vous faites équipe avec votre conjoint ou si vous êtes en compétition.
6. Trouvez des moyens de vous respecter et de collaborer.
7. Déterminez le juste milieu pour vous-même.
8. Réfléchissez sur votre conception de la vie et déterminez les caractéristiques de cette conception.

Chapitre 5
Le *Parent entraîneur* en action

▶ L'ENFANT OU LE JEUNE sait toujours à quoi s'attendre et, par conséquent, se structure avec un sentiment de sécurité. Les conflits générés par cet encadrement sont source de croissance.

Cette dimension est fondamentale en éducation. Le *Parent entraîneur* offre un encadrement consistant, mais souple, qui repose sur des objectifs fondamentaux. Cette souplesse dynamique génère des conflits, mais après discussion, malgré des divergences, une communication riche de sentiments et de valeurs nourrit les jeunes et favorise à l'occasion les changements de comportement qui s'imposent.

L'approche du *Parent entraîneur* repose avant tout sur un ensemble d'attitudes. Il est possible de les développer.

Les attitudes de base

Le *Parent entraîneur* manifeste de l'affection, transmet une éducation et assure la santé et la sécurité des enfants. Son comportement s'appuie sur l'autonomie personnelle, la responsabilité et révèle l'affirmation, le respect de soi et de l'autre, la cohérence, le discernement et la confiance.

L'affirmation de soi

S'affirmer, c'est manifester exactement ce qu'on éprouve, ce qu'on désire, c'est transmettre ses objectifs clairement et simplement à ses enfants et s'assurer que ses demandes sont exaucées.

Le *Parent entraîneur*, conscient de ses valeurs et de ses responsabilités, ne craint pas de s'affirmer, contrairement au parent débonnaire. Par contre, il n'abuse pas de son pouvoir comme le parent autoritaire. Il connaît assez bien son enfant pour savoir ce que ce dernier peut réussir. Il n'hésite pas à en exiger un niveau de rendement adapté à son âge et à ses possibilités. Cependant, il le fait avec intelligence et tact en tenant compte de la psychologie de l'enfant.

Par exemple, si le parent veut que l'enfant soit couché à 20 h, il commence à le lui dire vers 19 h ou 19 h 30, et il s'assure que cela soit fait, étape par étape, de façon à ce que la lumière soit éteinte à 20 h.

Le respect de soi et de l'autre

Le *Parent entraîneur* donne l'exemple d'un comportement respectueux envers lui-même et envers son enfant. On ne peut apprécier quelqu'un que si on le respecte. Ce n'est profitable pour personne que le parent tolère des abus de la part de ses enfants.

Si, par exemple, Élise veut regarder un film à la télévision durant le repas alors que c'est le seul moment où tout le monde peut se rencontrer, il est possible de lui demander d'enregistrer son émission ou bien d'accepter de prendre un repas paisible en compagnie de toute la famille. Il est certain que si Élise est au milieu de sa crise d'adolescence, cela risque de dégénérer en dispute, mais pourquoi pas? Il est important qu'elle sache respecter les personnes avec qui elle cohabite.

Le *Parent entraîneur* inspire du respect à son enfant en lui en témoignant lui-même. Ce respect se manifeste par de la compréhension pour ce que l'enfant vit et ressent et par une communication suivie avec lui. Parfois le parent, sous prétexte de respecter son enfant s'abstient d'intervenir et de cette manière «pèche par omission». Ainsi, l'enfant ou l'adolescent malhabile à gérer sa liberté et sollicité de toutes parts peut manquer de soutien et de ligne de conduite claire et précise: ce «champ libre» peut l'amener à tenter toutes sortes d'expériences et à commettre bien des excès. Félix, 14 ans, traite la seconde épouse de son père en termes désobligeants. Il est vrai que la nouvelle famille recomposée bat de l'aile et que de nombreux conflits y éclatent, ce qui est souffrant pour tous. Félix ressent qu'il est, au fond, la cause de ces conflits et il abuse de son pouvoir. Il a aussi besoin de savoir que son père lui garde toujours son affection. Bernard reprend avec lui tous les éléments de la situation, lui demande sa collaboration. Il insiste fermement pour qu'il demeure poli avec son épouse et l'assure de son affection indéfectible.

On a souvent tendance à minimiser les chagrins d'enfants. L'intensité de la souffrance d'une personne n'a aucun rapport avec la perception d'une autre personne. *Il est important de saisir sans juger la souffrance ou la joie.* Dans de tels cas, la compréhension du parent favorise le bien-être de l'enfant. Si, par exemple, Christophe a beaucoup de peine parce que son meilleur ami ne veut pas jouer avec lui, il est important de prendre un moment pour d'abord être à l'écoute de son sentiment, ensuite l'aider à le surmonter et éventuellement trouver une solution.

Lorsqu'un adolescent devient songeur et qu'on peut difficilement deviner la cause précise de ces longues rêveries, il vaut mieux lui tendre une perche, l'approcher avec doigté et tenter de le faire parler par des questions ouvertes plutôt que fermées comme: Où en es-tu? Tu sembles préoccupé… J'aimerais savoir ce qui t'inquiète… Parfois, même les questions ouvertes provoquent l'hostilité. Alors la mise en situation est préférable. Créer un climat d'accueil, préparer un bon repas, dresser joliment le couvert, maintenir le téléviseur fermé et être disponible sans le laisser voir… Souvent, à propos de la couleur des fraises ou de l'essence du gâteau, les cœurs s'ouvrent. Ou encore, aller les conduire en auto à une activité ou les chercher… alors le récit de ce qui vient d'arriver est une bonne entrée en matière. S'il a besoin de se confier, de se sentir écouté et compris, il laissera tomber ses résistances et le contact s'établira[4]. Agir avec diplomatie en ménageant les mécanismes de défense est une façon d'exprimer son respect.

La cohérence

La cohérence et la constance dans les soins de santé-sécurité, d'affection et d'éducation sont des atouts de succès. Si l'on répète un ensemble d'attitudes durant plusieurs années, cela produira nécessairement des résultats. Lorsqu'on réussit à établir cinq priorités et à les maintenir, le système familial se porte bien. Lors d'une période de changement, il est possible que le comportement de l'enfant ou de l'adolescent se dégrade, mais si le parent maintient ses critères, le changement s'effectuera graduellement. Voilà un défi de taille pour les parents d'adolescents qui à tout moment risquent de décrocher!

Par exemple, si Valérie est désordonnée et indisciplinée, le parent pourra établir avec elle cinq priorités: l'ordre dans sa chambre, les devoirs faits, l'aide dans la cuisine, l'heure de rentrée, un langage courtois en famille.

S'il est demandé à Martin de sortir les poubelles, ce qui est tout à fait de son âge, il est possible qu'il rouspète durant les premières semaines et qu'à moyen terme il assume avec fierté cette responsabilité, si le parent persévère à le lui demander.

Si Julien est particulièrement agressif, le parent peut lui demander d'être plus calme, d'exprimer plus simplement ses demandes et, surtout, le parent doit clairement lui faire sentir qu'il n'aura pas tout le pouvoir dans la famille mais seulement une partie: la sienne. Il doit savoir qu'il ne peut, par exemple, bousiller une fête prévue et organisée. Il a le choix entre participer ou rester dans sa chambre.

4. KAUFMAN, Barry Neil. *Paroles de jeune,* Montréal, Éditions Le Jour, Actualisation, 1992.

Le discernement

La qualité de discernement est la capacité de percevoir, de reconnaître dans chaque situation l'attitude appropriée à adopter. Le *Parent entraîneur* appuie son jugement sur l'âge de l'enfant et son degré de développement, l'objectif poursuivi et la valeur à acquérir. Passer un bon moment avec l'enfant, l'emmener en pique-nique en forêt, à cette occasion, lui faire faire un apprentissage sur les minéraux, être à son écoute ou le confronter aux réalités de la vie, s'il est conscient des valeurs sous-jacentes à son intervention et dont la principale doit toujours être l'amour.

Ces critères de base l'aident, par exemple, à décider d'attendre que Marc demande à patiner ou de le stimuler en l'inscrivant à un cours, à décider s'il est préférable de protéger Vanessa contre son groupe d'amis qui semblent l'entraîner à se droguer ou la laisser découvrir par elle-même les dangers d'une telle pratique, à décider d'attendre qu'Yvan parle de ses problèmes ou prendre l'initiative de l'approcher, compte tenu de son air abattu et songeur.

Discerner et décider comment intervenir n'est pas chose facile à cause des réactions des enfants et surtout des adolescents. D'abord, le parent, souvent envahi par le quotidien, perd de vue ses objectifs à long terme; il est comme une personne qui brode une tapisserie, qui ne voit que l'envers, les nœuds, et qui ne pourra retourner son œuvre que vingt ans plus tard. D'autre part, le parent a un pouvoir relatif; même s'il fait de son mieux, l'influence imprévisible du milieu et l'usage que le jeune lui-même fait de ce qu'il reçoit déterminent l'orientation de la vie de l'enfant de façon souvent inattendue et définitive.

La confiance

La confiance est la base sur laquelle repose l'amour. Le *Parent entraîneur* crée entre lui et son enfant le climat de confiance indispensable à son évolution harmonieuse. Cette attitude se manifeste par une espérance ferme que ses enfants peuvent donner le meilleur d'eux-mêmes. C'est avoir la certitude qu'ils peuvent évoluer positivement malgré les problèmes et les bévues.

Être de bonne humeur, voilà une des bonnes façons d'entretenir un climat de confiance. Cette attitude s'acquiert en développant sa capacité d'émerveillement pour voir tout ce qui se passe d'un œil aussi neuf que celui de l'enfant. Le retour d'un petit animal égaré, un service rendu spontanément, un bouquet de fleurs sauvages, une blague bien tournée sont autant d'occasions de se réjouir!

Être optimiste, la plupart du temps, est aussi une excellente façon de s'organiser pour être gagnant et inspire la confiance à l'enfant. Enseigner la bonne humeur à l'enfant, c'est lui montrer à apprécier ce qu'il a. Il importe aussi de lui montrer à jouer gagnant dans ses rapports avec les autres, ce qui pourra lui donner confiance de réussir dans la poursuite de ses objectifs. Il ne s'agit pas de brimer l'expression des sentiments mais certains enfants – comme certains adultes – ont tendance à bougonner ou à rouspéter à tout propos et créent à court terme un malaise chez les personnes qui les entourent.

Critiquer des détails insignifiants est une façon d'exprimer une agressivité déplacée. On a le droit d'être de mauvaise humeur, frustré, mais il peut être dévalorisant pour l'enfant de subir des reproches injustifiés. Beaucoup de lourdeur dans le climat vient de l'agressivité refoulée, de l'absence de résolution d'un ensemble de conflits.

Par exemple, Michelle en a assez de se faire déranger très tôt le matin par son frère Didier qui vient la réveiller. Les parents sont épuisés par ce conflit et par le manque de collaboration aux tâches ménagères de leurs deux adolescents. Les parents ont aussi des conflits entre eux qu'ils doivent prendre le temps de régler. De plus, Christian en veut à sa femme de le rabaisser devant les enfants parce qu'elle trouve qu'il n'intervient pas de la bonne façon. Diane aurait avantage à user de plus de finesse et de psychologie lorsqu'elle en parle à son mari.

Chacun a donc ici des insatisfactions importantes à mettre sur la table. Une bonne séance de dialogue ou de «lavage de linge sale en famille» peut faire énormément de bien et rétablir un climat de confiance qui allait en se détériorant.

Si toutefois ces séances empirent les problèmes, il vaut la peine de consulter un thérapeute familial professionnel expérimenté pour apprendre comment les régler avant qu'ils prennent trop d'ampleur.

Les outils du *Parent entraîneur*

Une fois les attitudes en voie de développement établies, voici les moyens à la disposition du parent pour actualiser ses valeurs.

Le pouvoir démocratique

Le pouvoir est un instrument nécessaire au parent. Il est lié à sa responsabilité. En abuser ou le sous-utiliser est dangereux. Le *Parent entraîneur* est conscient de son pouvoir. Il sait l'utiliser pour favoriser l'autonomie de ses enfants. Il l'utilise pour établir des règles de fonctionnement, résoudre des problèmes ou donner un style de vie agréable à la famille.

Le pouvoir du parent se définit par la capacité qu'il a d'agir avec son enfant. Le pouvoir démocratique tient compte de l'individu avec lequel il s'exerce et vise à promouvoir le développement des personnes concernées.

Le *Parent entraîneur* assure un suivi dans ses interventions, procure un soutien constant aux efforts quotidiens de ses enfants et il offre une aide qui mène les enfants jusqu'à leur indépendance dans les travaux qu'ils doivent réaliser chaque jour.

Il sait aussi se reculer pour laisser au jeune la possibilité de faire ses expériences et pour encourager ses initiatives louables.

Il comprend qu'il a un impact sur le développement de son enfant; il sait que ses attitudes peuvent influencer ses enfants négativement ou positivement. Il change de méthode lorsqu'il s'aperçoit qu'il se trompe et il rectifie ses attitudes au besoin.

Enfin, le *Parent entraîneur* utilise la punition avec discernement, en ce sens qu'il comprend qu'il vaut mieux faire saisir à son enfant les conséquences de ses gestes plutôt que de le frapper.

EN AUCUN MOMENT, IL N'UTILISE LA VIOLENCE VERBALE OU PHYSIQUE QUI LAISSE TOUJOURS DES TRACES. LA VIOLENCE ENGENDRE LA VIOLENCE, LA PERTE DE RESPECT ET LE MANQUE DE CONFIANCE. Si jamais il perd le contrôle, il avoue son abus, s'excuse et exprime ses regrets à l'enfant plutôt que de persister et de lui dire que c'est de sa faute.

Le *Parent entraîneur* prend les moyens pour atteindre ses objectifs. Par exemple, il aide sa fille Lucie, 10 ans, ou son garçon Raphaël, 8 ans, pendant plusieurs semaines à faire ses travaux scolaires afin que l'enfant progresse. Il permet à Brigitte, 7 ans, de préparer le petit déjeuner malgré les petits dégâts, pour encourager son initiative. Il sacrifie quelques sorties ou émissions de télévision pour être plus présent auprès de Nicolas, 12 ans, qui a besoin d'aide pour s'adapter au règlement complexe de l'école secondaire.

La communication

La communication est une relation qui s'établit entre des personnes qui se transmettent mutuellement des messages. Quand le parent agit comme émetteur, il veille à garder *ses messages clairs, simples et directs.* Il s'assure aussi que le message soit bien reçu et compris de l'enfant. Par exemple, le parent dit: «Lave-toi les dents avant de te coucher.» Si nécessaire, il explique pourquoi.

La plupart du temps, l'enfant aime se confier à fond à son parent s'il est réceptif et disponible. Cette écoute permet à l'enfant de cultiver la confiance envers son parent. Plus un enfant peut s'exprimer avec un adulte, plus il se sent écouté et respecté, plus la relation peut s'approfondir. Si ce climat est solidement installé, il peut durer très longtemps, même s'il semble s'estomper légèrement au moment de l'adolescence pour reprendre plus tard.

Le parent affiche ses sentiments, émet son message et reste attentif, réceptif aux réactions de son enfant.

Quand il agit comme récepteur, le parent emploie toute son attention pour capter les messages profonds de son enfant. Il résiste à la tentation de minimiser parfois les sentiments manifestés par l'enfant. Le *Parent entraîneur* respecte les émotions que l'enfant exprime par les chagrins ou les bonheurs qu'il vit.

Il est préférable de tout dire à l'enfant, mais il importe de le faire de façon authentique, avec tact et amour, etc. Si l'enfant n'a pas été désiré au moment de sa conception, le parent peut lui en parler lorsque le climat s'y prête, mais il évite de raconter à toutes les personnes qui entrent dans la maison que ce bébé fut une mauvaise surprise.

La résolution de problèmes

Pour régler les problèmes, on a besoin d'attitudes constructives et d'une bonne méthode. Voici comment j'ai procédé avec plusieurs familles.

1. Identifier le problème et s'engager à le régler et à ne régler que celui-là d'abord.
   Par exemple, ce peut être le lieu de vacances pour l'été.
2. Élaborer quelques solutions.
   Les adultes et les enfants font chacun leur liste.
3. Évaluer les avantages et les inconvénients de chacune des solutions proposées.
4. Choisir la solution qui présente le moins d'inconvénients.

Plus on utilise ce procédé de résolution de conflits, en écoutant ce que chacun ressent à chaque étape, plus la communication entre les membres de la famille s'enrichit et plus la qualité des décisions que l'on prend s'améliore.

Il est possible que certaines solutions conviennent à plusieurs personnes et causent des problèmes à d'autres. Les meilleures décisions sont celles où il y a le moins de compromis pour l'ensemble de la famille.

Une famille est composée de plusieurs personnes d'âges, de besoins et de goûts différents. Vivre en famille requiert donc de faire des compromis à l'occasion. Lorsqu'une famille entreprend d'utiliser cette méthode, il est possible que ses premières expériences soient difficiles, mais elles sont habituellement meilleures que les expériences tentées avec des méthodes chaotiques ou en l'absence de toute méthode. Cette méthode requiert un apprentissage, mais une mise en pratique réussie rend la vie tellement plus agréable qu'il est impensable de l'abandonner ou de revenir à une méthode désorganisée lorsqu'on y est bien formé[5].

La stimulation du potentiel

Le *Parent entraîneur* stimule le potentiel de l'enfant, l'encourage à développer ses points forts et à aménager ses points faibles. Mis en contact avec ses forces, l'enfant aura plus de possibilités de devenir autonome.

Ce parent reconnaît, par exemple, la grande logique et la capacité de résoudre les problèmes de Sylvie, le sens social particulièrement aigu et le talent artistique de Roch.

Pour stimuler ce potentiel, le parent peut communiquer clairement son appréciation à l'enfant. Cela ne l'empêche pas de percevoir les difficultés, les défauts majeurs ou les maladresses de son enfant. Il intervient avec précision et au bon moment.

Par exemple, Billy, 5 ans, tient à venir avec ses parents, son frère, Emmanuel, 8 ans, et sa sœur, Ariane, 6 ans, en randonnée à bicyclette sur une piste cyclable achalandée par un beau dimanche après-midi. Sa mère qui ferme la marche constate que Billy conduit sa bicyclette en zigzag, risquant un accident et ralentissant la promenade. Fermement et à plusieurs reprises, elle rappelle à Billy de tenir la droite, ce qu'il oublie rapidement.

5. GORDON, Dr Thomas. *Parents efficaces* (carnet du parent), Montréal, Éditions Le Jour, Actualisation, 1976, 91 pages.

Après une pause et un cornet de crème glacée, Billy se décide et suit au retour allègrement les autres en ligne droite. Beaucoup de progrès en peu de temps! Les félicitations fusent, ce qui vient renforcer la fierté et la confiance de Billy. De plus, il mérite une bicyclette plus digne de ses nouvelles capacités!

Marianne, 15 ans, est songeuse depuis plusieurs semaines. Petite fille câline, très attachée à ses parents, elle se retire et critique tout ce qu'elle a adoré. Que se passe-t-il? Elle a grandi rapidement et n'aime pas son nouveau corps. Elle croit qu'elle est une artiste, ne sait pas dans quel art et entrevoit l'avenir avec inquiétude. De plus, elle a une peine d'amour. Elle a la mine basse, ce qui inquiète ses parents.

Est-elle dépressive? Est-elle suicidaire comme beaucoup de jeunes en peine d'amour? Ils décident d'observer ses attitudes corporelles. Marianne ne parle pas, mais les touche, ce qu'elle n'a pas fait depuis trois ans. Un soir, elle demande à sa mère de dormir avec elle. Petite régression qui est accueillie. Graduellement, Marianne s'abandonne, pleure dans les bras de sa mère, puis de son père. Ses parents écoutent avec sensibilité ses craintes devant la vie. Peu à peu, ils l'encouragent à suivre des cours de dessin, premier outil pour bâtir son avenir d'artiste.

Les actions

C'est par ses interventions quotidiennes que le parent manifeste ses attitudes et utilise ses outils. Le *Parent entraîneur* se veut présent pour l'enfant avec amour et discernement. Il écoute, observe ce qui se passe, utilise son intuition et distingue ainsi un vrai sentiment de tristesse d'une manipulation.

Accompagner

Le *Parent entraîneur* accompagne son enfant dans ses activités; cet appui lui procure de la joie, ainsi qu'à son enfant.

Aller au centre culturel pour constater les progrès de son enfant en natation, en musique, ou en dessin stimule celui-ci vers une meilleure réussite. Le jeune ressent l'intérêt de son parent et s'ouvre volontiers à lui au cours de l'activité à laquelle le parent participe.

Expliquer

Ce parent explique et informe ses enfants. Il prend le temps de répondre aux questions que ces derniers lui posent. L'enfant accepte plus facilement d'obéir s'il comprend le bien-fondé des demandes. Il se brossera plus volontiers les dents et sera plus prudent en traversant la rue si le parent lui en a expliqué l'importance. Le *Parent entraîneur* informe l'adolescent des dangers de la drogue ou des risques d'une sexualité hasardeuse et précoce pour l'aider à prendre la bonne décision au bon moment.

Technique du sandwich et technique de la tartine

La façon d'amener une remarque ou une demande détermine directement comment celle-ci sera accueillie. Deux techniques peuvent être utiles aux parents désireux de faire passer leur message de critique en douceur, ce sont: la technique du sandwich et la technique de la tartine.

La technique du sandwich

Cette technique consiste à protéger la personnalité de l'interlocuteur. Elle comprend trois étapes:
- *première étape*: parler d'une grande qualité. Ex.: «Je sais que tu as un grand cœur...»
- *deuxième étape*: livrer le message. Ex.: «Depuis deux semaines, il manque vingt dollars dans mon porte-monnaie et j'ai vu quarante dollars sous ton oreiller...»
- *troisième étape*: faire appel au sens de la collaboration de l'adolescent ou refermer le sandwich. Ex.: «Je sais que tu as toujours voulu être en bons termes avec moi...»

La technique de la tartine

Plus simple, la technique de la tartine permet de préciser sa demande tout en renforçant le moi de l'enfant. Ex.: «Je sais que tu travailles avec application, pourquoi ne corrigerais-tu pas ta dictée?»

Ces deux techniques sont grandement appréciées des parents qui cherchent comment parler directement à leurs enfants pour obtenir leur collaboration sans les bousculer.

Prendre du recul

Le *Parent entraîneur* sait se détacher d'une situation, c'est-à-dire qu'il prend du recul pour en considérer l'ensemble, qu'il en reprend chacun des éléments et fait un changement de perspective. Prendre du recul, c'est donner à chaque élément d'une situation son importance, sa valeur, tout en respectant les personnes concernées. Le changement de perspective est très efficace pour désamorcer la lutte de pouvoir. Pour y arriver, il est bon de s'assurer que chaque personne concernée par le problème se sente profondément respectée et que la solution que l'on propose aille dans le sens d'une meilleure croissance. Les enfants ont fondamentalement du respect pour les personnes qui savent leur faire voir une situation qui a de la valeur, qui les amène à évoluer, malgré un certain égocentrisme normal à leur âge.

Trancher lors de conflits

Certains parents débonnaires croient qu'il vaut mieux laisser les enfants régler leurs conflits sans intervenir. Le parent utilise son jugement quand, dans les faits, les enfants n'ont pas encore appris le respect des autres. Qui va s'asseoir en avant dans l'auto? À qui le tour? Souvent au plus fort. Donc, le *Parent entraîneur* détermine à qui revient le tour de s'asseoir en avant. Certains enfants commettent des abus de pouvoir. «C'est moi qui suis le plus grand» et utilise cette supposée prérogative pour obtenir des privilèges. D'autres pleurent et jouent les victimes. «C'est toujours lui le premier!» «On dirait que tu ne m'aimes pas.»

Par exemple, si Dominique, 15 ans, et Catherine, 12 ans, se disputent pour voir une émission différente à la télévision, il est important de reprendre la situation complètement. Quelle est l'importance de l'émission à regarder pour chacun? Est-ce un intérêt réel ou bien est-ce une simple lutte de pouvoir? Y a-t-il un horaire d'émissions prévu pour chacun? Est-ce possible de demander à l'un ou à l'autre de tenir compte davantage de son frère ou de sa sœur? Le parent évalue la situation et partage ses observations.

Intervenir au sujet de cette émission de télévision en favorisant le choix de Dominique parce qu'il a une recherche à faire à l'école sur le sujet de l'émission inspirera à Catherine du respect pour son parent, car elle sait, dans son for intérieur, qu'une émission de distraction n'est pas aussi importante et qu'elle peut s'amuser autrement même si elle rouspète et pleurniche.

Si la discussion est impossible, c'est l'occasion pour le parent de prendre une décision, c'est-à-dire d'indiquer selon son importance quelle émission l'enfant regardera, ou bien alors, si aucun des deux enfants n'est capable de proposer une solution réelle et raisonnable, de fermer l'appareil.

Consoler, soutenir

Le *Parent entraîneur* console et soutient l'enfant dans sa croissance, lui manifeste son affection, sait s'effacer quand il prend son envol. L'encourager à aller à l'école, à se laver, à régler ses conflits avec ses frères et sœurs, avec ses amis ou avec l'autre parent renforce la confiance en soi. Un soutien quotidien et constant apporte un sentiment de sécurité.

Consoler se fait par des gestes physiques et des paroles de compréhension comme prendre dans ses bras Sophie, 11 mois, qui vient de perdre l'équilibre en faisant ses premiers pas et lui dire «Bravo!» si elle se remet à marcher. Comme se coucher quelques minutes à côté de Béatrice, 6 ans, qui fait des cauchemars la nuit et l'aider à se rendormir paisiblement en la rassurant. Consoler, c'est prendre le temps d'expliquer à Pierre-André, 17 ans, nouvellement amoureux, inquiet de la durée de sa relation, que cet amour ne durera peut-être pas toute sa vie, mais que ça vaut la peine d'aimer.

Questionner

D'une façon générale, les humains n'aiment pas qu'on les questionne. Le *Parent entraîneur* n'utilise ce type d'intervention que dans des circonstances très particulières lorsque le jeune semble préoccupé, triste, déprimé et incapable de parler. Il est plutôt à l'écoute et se tient au courant de ce qui concerne ses enfants, par une attention bienveillante et régulière.

Il questionne aussi dans les cas de soupçons importants: décrochage scolaire, utilisation de drogue, sexualité précoce, vols, délinquance, fréquentations douteuses.

Au départ, les parents doutent de l'effet de cette technique. Les débonnaires pensent qu'en questionnant ils deviennent intrusifs. Si les questions demeurent simples et directes, c'est une des meilleures façons de comprendre et de cerner une situation. Ce peut être une question semblable à celle-ci: «Où étais-tu aujourd'hui, le directeur de l'école m'a téléphoné me disant que tu étais absent?»

Limiter, empêcher

Certains parents rêvent de ne jamais avoir à limiter le comportement de leur enfant. D'autres le font sans arrêt en criant ou en tapant. Certains oscillent entre le retrait et l'abus selon leur humeur.

Sans émotions débordantes, le *Parent entraîneur* limite ou empêche les gestes dangereux pour l'intégrité physique ou nuisibles à la santé mentale ou à l'organisation scolaire de l'enfant. Il est normal d'empêcher Nicolas, 1 an, de grimper sur les étagères de la bibliothèque, d'enlever un couteau à Benjamin, 4 ans, ou d'insister pour que Maryse, 9 ans, rentre au coucher du soleil. Le *Parent entraîneur* est calme et ferme quand il s'agit de s'assurer que Lauréanne se prépare adéquatement à ses examens de fin de secondaire.

Parfois le parent a des interventions difficiles à faire auprès de ses enfants: il doit utiliser son pouvoir pour les protéger contre eux-mêmes. Par exemple, Éric, 13 ans, ne fait plus ses travaux scolaires et regarde la télévision toute la soirée. Ses compagnons l'entraînent à la délinquance: vols de cigarettes, menaces à des enfants plus jeunes ou à des personnes âgées, vols à la tire, etc.

D'une part, le parent fait une demande précise: «Éric, tu fais tes travaux scolaires et tu laisses tes copains qui t'entraînent dans des mauvais coups…» D'autre part, le parent impose des limites: «… ou tu ne regardes plus la télévision durant la semaine et tu n'obtiens plus d'argent pour tes sorties.»

Le *Parent entraîneur* n'a pas peur, quand c'est nécessaire, d'intervenir de façon draconienne. Il peut absorber la crise que l'imposition de limites déclenche sans reculer ni perdre les pédales. Souvent, ce type d'intervention doit être repris. Des conflits ouverts s'installent, mais le *Parent entraîneur* reste cohérent; il prend le temps d'expliquer et assume la tension créée par une situation lourde de conséquences. Il maintient sa position jusqu'à ce que la situation soit contrôlée.

Bâtir un programme

Cette mesure est plus lourde mais aussi plus efficace si l'on veut maîtriser une situation ou régler un problème. Avec des enfants âgés entre trois et dix ans, on utilise un calendrier à grands carreaux ou on en fabrique un. Souvent les enfants aiment bien le dessiner eux-mêmes. On identifie un changement à effectuer. Par exemple, fini le «pipi» au lit la nuit ou parler calmement ou encore mettre de l'ordre dans la chambre (ranger les jouets et faire le lit).

Pour les journées satisfaisantes,
on dessine un grand sourire sur le calendrier.

Pour les journées sans aucun résultat,
on dessine un sourire plat.

Pour les journées comportant des négligences
importantes, une mine basse.

Avec des adolescents, on note de concert avec eux les changements à effectuer, pas plus de cinq. On s'entend sur un mode d'évaluation. Exemple:

JANVIER

Date	1	2	3	4	5	6	7	8	9	10	11	12	13	14	15
Langage poli															
Travaux scolaires															
Heure de rentrée															
Aide à la maison															
Garde de la petite sœur															

On marque chaque date d'un +, d'un - ou d'un 0 selon la performance.

Le *Parent entraîneur* n'offre pas de cadeaux, ni ne paie ses enfants systématiquement pour un bon comportement. La qualité de la relation et de la communication est la récompense. C'est une façon d'enseigner le sens de la gratuité. Il ne crie ni ne frappe son enfant. Pour le *Parent entraîneur* accompli, plus besoin de punir ni de récompenser son enfant sauf en de rares occasions.

S'entendre sur cinq points

D'après mon expérience en thérapie familiale, lorsqu'un couple, un ou des parents et encore mieux, des parents et leurs enfants s'entendent pour améliorer cinq comportements, l'ensemble du système familial s'en trouve amélioré.

Ces points peuvent toucher la façon de se parler, le partage des tâches, les moments de rencontres (repas), les loisirs, les fêtes, l'entraide pour certains travaux domestiques, etc.

Pour bien se comprendre, il est préférable d'écrire ces ententes et parfois de les afficher sur un tableau ou sur la porte du réfrigérateur.

Réunion de famille

Plusieurs familles peuvent résoudre elles-mêmes leurs conflits en se réunissant une heure ou deux par semaine. Par exemple, après le repas du dimanche pour se parler de leur mode de vie ou de leurs relations. Ce degré plus profond de communication nourrit les personnes et favorise l'interdépendance. Même si des choses pénibles peuvent alors se dire, si le parent est attentif et patient, une fois les émotions exprimées, il est possible de faire la paix et d'être enrichis par l'échange.

Francis, 40 ans, a convoqué une rencontre spéciale. Les revenus de la famille vont diminuer parce que l'usine où il travaille a perdu des contrats. Désormais, il aura un salaire pour trois jours de travail par semaine. Son épouse, Éliane, vient de retourner aux études pour devenir naturopathe et n'a pas de bourse. Sylviane et Martin, jumeaux de 16 ans, terminent leurs études secondaires dans un collège privé. Marie-Hélène, 11 ans, très brillante, veut fréquenter le même établissement l'année suivante. Au cours de cette rencontre, Francis exprime ses regrets de ne pouvoir assurer le même niveau de vie à sa famille et chacun exprime ses besoins et ses craintes de voir ses projets compromis. Après un moment, ils trouvent une façon de collaborer. Éliane se souvient qu'elle a offert à un pharmacien d'ouvrir un comptoir de produits naturels dans son commerce. Elle poussera ce projet. Les jeunes, eux, acceptent de travailler pour payer leurs dépenses personnelles. Marie-Hélène souhaite faire au moins une année au collège privé. «Après, on verra», dit-elle.

Le réseau du *Parent entraîneur*

Le *Parent entraîneur*, qu'il soit marié ou divorcé sait user de tact pour collaborer avec l'autre parent de l'enfant, lui laisse la place et s'entend avec lui sur quelques priorités de façon à créer un encadrement stable et souple à l'enfant.

Ce parent est heureux que d'autres adultes aiment son enfant et acceptent de s'en occuper. Grands-parents, amis, enseignants, tantes, oncles, voisins ont leur place dans la mesure où ils procurent à l'enfant une attention et des soins appropriés. Il crée, ainsi, un milieu plein de ressources pour l'enfant et pour les parents! Nous décrirons chacun des auxiliaires.

L'autre parent ou son conjoint

Ce parent crée avec son conjoint, parent ou non des enfants, une collaboration, s'entend avec lui sur les rôles et les responsabilités à tenir. Ce parent s'entend avec son conjoint sur les principaux soins à dispenser et l'invite à jouer un rôle bien défini dans l'éducation des enfants. Il s'accorde avec le conjoint sur l'encadrement domestique, scolaire et social, se garde des zones où il agit selon ses compétences dans l'éducation des adolescents. Il collabore pour offrir un soutien amical dans la prise d'autonomie du jeune adulte. Si le *Parent entraîneur* se trouve séparé des enfants, il collabore chaque fois qu'il en a l'occasion à l'application d'un plan d'éducation. Il fait des ententes sur quelques priorités lors des passages d'une famille à l'autre et les respecte. Il se montre amical et se fait respecter. Dans les couples équilibrés s'installe une complicité bénéfique aux enfants.

Les grands-parents

Le *Parent entraîneur* invite les grands-parents à participer aux soins à donner aux enfants et affirme son mode de vie afin de conserver la cohérence. Il accepte l'affection que les grands-parents offrent à ses enfants et obtient leur collaboration pour l'éducation.

Les gardiens

Le *Parent entraîneur* choisit les gardiens de ses enfants en fonction de leurs capacités à leur donner les soins de santé-sécurité, affection et éducation. À l'adolescence, il s'entend avec le gardien et l'adolescent sur les priorités à respecter. Certains jeunes ont suivi d'excellents cours de gardiennage. Raphaël, 12 ans, préfère que Francine le garde. Ses parents tiennent compte de ce choix. Avec elle et lui, ils précisent bien que Raphaël ne peut regarder des films de violence à la télévision. Par contre, il lui est permis de faire des jeux amusants.

Les enseignants

Lorsque ses enfants ont atteint l'âge scolaire, le *Parent entraîneur* rencontre leurs enseignants, règle avec eux les difficultés et s'entend sur l'évaluation et le soutien des enfants. Quand l'enfant arrive aux études secondaires, le *Parent entraîneur* rencontre régulièrement l'enseignant titulaire et, à l'occasion, la direction de l'école si nécessaire. Il aide les jeunes adultes à démêler le dossier administratif du système d'éducation au besoin, il rencontre le conseiller en orientation avec son fils ou sa fille. Marie-Paule enseigne depuis trente ans. Malgré sa longue expérience, elle ne réalisait pas que Kim, d'origine vietnamienne, ne comprenait pas les consignes. Après avoir été mise au courant des difficultés que rencontrait Kim, elle a été heureuse de l'aider à acquérir plus de vocabulaire et à lui permettre ainsi d'obtenir d'excellents résultats scolaires.

Les autres intervenants (loisirs, arts, sports)

Le *Parent entraîneur* participe à l'encadrement et au transport de ses enfants ou adolescents pour les intégrer à des activités de loisirs sportifs ou culturels et s'informe de l'évolution des enfants. Il discute avec l'adolescent ou le jeune adulte de l'impact que cette activité a sur sa vie et assiste aux manifestations le plus souvent possible.

Les voisins

Le *Parent entraîneur* s'assure de la part de ses voisins de leur compréhension, de leur soutien, de leur collaboration en ce qui concerne la sécurité et favorise l'insertion sociale de son enfant. Il s'entend avec eux, au besoin, sur le bruit, les heures de rentrée et autres activités de son adolescent ou jeune adulte.

Des voisins s'entendent sur l'utilisation de la bicyclette dans le voisinage et surtout sur les heures de rentrée. Souvent les adolescents disent que les parents des autres donnent des permissions plus larges que les leurs. L'une des bonnes façons de régler ce problème est d'en discuter avec les parents en question et de s'entendre sur l'heure de rentrée des adolescents. Il est aussi possible d'échanger des services de transport avec les parents des amis voisins.

La chaîne de solidarité

En faisant intervenir les membres de la famille élargie ou du milieu où il vit, le parent crée une chaîne de solidarité autour de lui et de ses enfants où chacun devient un soutien pour l'autre et maintient le contact avec le monde extérieur.

Des groupes et des associations sont créés expressément pour favoriser l'épanouissement de la famille. Des bases de plein air familiales offrent aux parents et aux enfants de passer leurs vacances ensemble et de partager des excursions et des cours, de participer à des sports d'été ou d'hiver. Des associations de grands-parents choisis apportent aussi une aide profitable et de grandes joies autant à la personne âgée qu'à la famille. Des groupes de mères d'enfants d'âge préscolaire permettent aux femmes qui ont choisi de rester à la maison de se créer un réseau social hors du foyer tout en exerçant des activités stimulantes avec les enfants.

Les *Grands-Parents entraîneurs*

Avec l'avènement de la famille composée de deux parents et des enfants, la vie de clan a disparu et les grands-parents, les personnes les plus âgées, se sont vu attribuer un rôle beaucoup moins important dans les soins et l'éducation à donner aux enfants. La famille nucléaire a été découpée sans lien avec le milieu environnant et surtout avec la génération précédente.

Le parent assume entièrement la tâche de l'éducation de l'enfant, et lui dispense soins et affection. La solitude du parent face à ses responsabilités est souvent considérable et profonde. De plus, son stress est augmenté par les nombreux changements auxquels il s'adapte au cours des différentes étapes de la croissance de ses enfants.

Les grands-parents peuvent procurer un réconfort important et un appui précieux autant à leurs enfants qu'à leurs petits-enfants. S'ils entretiennent ce lien et le cultivent avec tact, ils ajoutent à leur propre qualité de vie et à celle des générations qui les suivent. Comme ils n'ont pas la responsabilité directe de leurs petits-enfants, comme ils ont accumulé une expérience dont ils ont tiré une certaine sagesse, enfin, comme ils ont pris un recul appréciable, ils sont plus sereins face aux problèmes de l'enfance.

Le *Grand-parent entraîneur* sait exprimer son amour à ses petits-enfants de différentes manières. Il aime les choyer, jouer avec eux, les cajoler, leur apporter des petites surprises, les emmener au parc, voir un film ou visiter un zoo. Toutes ces petites attentions donnent la possibilité aux parents de récupérer tout en sachant leurs enfants comblés d'affection. Ces rencontres contribuent à garder un peu de jeunesse au cœur du grand-parent.

Le grand-parent peut ensuite aider le parent à procurer certains soins. Par exemple, si l'enfant doit être hospitalisé et qu'un adulte doive être continuellement au chevet de l'enfant, surtout s'il est en bas âge, souvent parent et grand-parent pourraient se relayer dans cette tâche sans problème et permettre au parent de vaquer à ses occupations ou de surveiller ses autres enfants. Il pourrait aussi accompagner l'enfant chez le dentiste tous les six mois.

Enfin, le grand-parent peut aussi jouer un rôle éducatif en maintenant une bonne entente avec le parent. Par exemple, Ludger, 7 ans, et Maude, 9 ans, reçoivent régulièrement des cours de menuiserie de leur grand-père qui leur a construit une cabane dans le jardin et ainsi, leur a appris à manipuler le marteau, la scie, l'équerre. Miriam, 10 ans, adore faire la cuisine avec mamie. Elle mélange les gâteaux, fait cuire des œufs à la coque, lave la laitue, dresse le couvert en décorant la table. Les parents apprécient ce genre d'intervention des grands-parents. Résultat: grands-parents et petits-enfants vivent ensemble de bons moments, cela renforce des liens vitaux nécessaires aux générations.

Le *Grand-parent entraîneur* s'abstient de gâter ses petits-enfants et de critiquer ses propres enfants. Il se rappelle les difficultés qu'il a eues lorsqu'il élevait sa famille et tient à exercer une influence constructive auprès de sa grande famille. Il sait que le pouvoir éducatif est d'abord détenu par les parents de l'enfant et il se soumet aux décisions prises par eux pour assurer une cohérence. Cela est parfois difficile et exige du tact de part et d'autre.

Exercice

Faites la liste des personnes qui s'occupent de vos enfants. À côté de leur nom, inscrivez leur rôle et la fréquence de ces contacts.

Indiquez si vous pouvez améliorer ce lien.

Parfois, pour régler de gros problèmes qui paraissent insolubles et dans lesquels plusieurs personnes sont concernées, il est indiqué de convoquer la famille à une sorte de réunion formelle avec ordre du jour, compte rendu écrit, etc. Cela permet de s'arrêter, de faire le point et de donner à chacun l'occasion de régler ses comptes.

COMPORTEMENTS	Je le fais toujours	Je le fais souvent	Je ne le fais pas
ATTITUDES DE BASE			
Affirmation de soi			
Respect de soi et de l'autre			
Cohérence			
Discernement			
Confiance			
OUTILS			
Pouvoir démocratique			
Communication			
Résolution de problèmes			
Stimulation du potentiel			
ACTIONS			
Accompagner			
Expliquer			
Technique du sandwich			
Technique de la tartine			
Prendre du recul			
Trancher lors de conflits			
Consoler, soutenir			
Questionner			
Limiter, empêcher			
Bâtir un programme			
S'entendre sur cinq points			
Réunion de famille			

Observez vos comportements

Quels sont: les attitudes
les outils
les interventions
que vous employez?

Que désirez-vous:
améliorer
intégrer?

ARTICULATION DU MODÈLE DU *PARENT ENTRAÎNEUR*

Principes de base

Le but de l'éducation est l'autonomie de l'enfant.
Des valeurs véhiculées avec amour se transmettent des parents
aux enfants.

Valeurs nommées

(Exemples : respect – amour – honnêteté)

Réponses aux besoins

Force du *Parent entraîneur*   Force du *Parent entraîneur*
affectif   éducatif

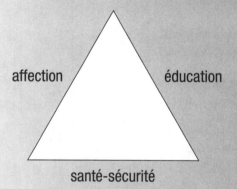

affection   éducation

santé-sécurité

Les attitudes de base

L'affirmation de soi, le respect de soi et de l'autre, la constance
et la cohérence, le discernement, la confiance.

Les outils

Le pouvoir démocratique, la communication, la méthode de résolution de
problèmes, la stimulation du potentiel.

Les interventions

Accompagner, expliquer, les techniques du sandwich et de la tartine,
prendre du recul, trancher lors de conflits, consoler, soutenir,
questionner, limiter, empêcher, bâtir un programme, s'entendre
sur cinq points, se réunir en famille.

Chapitre 6

L'itinéraire
du *Parent entraîneur*

▶ NOUS NOUS ATTARDERONS sur les principaux problèmes relevant de différents âges: fœtus, bébés, enfants, adolescents et jeunes adultes. Les exemples suivants sont tirés de situations réelles rencontrées dans ma pratique auprès de nombreuses familles que j'ai aidées. J'ai aussi évalué de nombreuses familles qui désirent adopter un enfant et cela m'a permis de déterminer des critères d'aptitude à la maternité et à la paternité.

Avant la conception et la naissance

Sans verser dans l'angoisse, le futur parent demeure alerte quant à la décision d'enfanter. Tout en restant souple, il prend cette décision avec un minimum de garantie de succès dans l'entreprise de donner la vie et surtout de conduire l'enfant à maturité.

Le parent considère d'abord son état de santé psychologique, son attrait pour les enfants, sa stabilité émotive, etc. Ensuite, il évalue son état de santé physique, son endurance, son aptitude à enfanter, à accoucher, etc. Puis il juge de son état de santé mentale, affective, son état d'équilibre personnel, non pas sa scolarité mais son ouverture d'esprit, sa capacité d'apprendre sur le développement de l'enfant et sur l'éducation. Le parent apprécie aussi l'état de ses relations conjugales et de ses relations avec son milieu. Il pense enfin sérieusement et sans faux-fuyants à sa sécurité économique.

Le futur parent se pose des questions qui ressemblent à celles-ci:

Sur sa santé, exemples:

- Quelle est ma tolérance au stress (nuits sans sommeil, fièvre, tempérament difficile)?
- Ma santé physique est-elle bonne?
- Est-ce que je risque de transmettre des maladies héréditaires?

Sur son équilibre personnel, exemples:

- Suis-je autonome ou ai-je besoin d'une raison de vivre pour remplir un vide?
- Comment est-ce que je règle mes problèmes?
- Ai-je beaucoup d'amour et de patience?

Sur ses relations conjugales et sociales, exemples:

- Ma relation conjugale est-elle assez solide pour supporter une telle responsabilité?
- Suis-je équipé pour discuter de mes méthodes d'éducation, sans doute un peu différentes de celles de l'autre parent?
- Ai-je le soutien de mon entourage?

Sur son affinité avec les enfants, exemples:

- Quelle est mon expérience avec les enfants? Suis-je conscient de la tâche quotidienne que cela exige?
- Est-ce que je me plais en compagnie des enfants? De quel âge?
- Trouverai-je de la joie à cette tâche?
- Suis-je prêt à comprendre chaque étape du développement de mon enfant?
- Suis-je suffisamment disponible?
- S'il survient des conflits majeurs avec l'enfant, irai-je consulter en thérapie familiale ou autre avec confiance?

Sur sa sécurité économique, exemples:

- Que puis-je offrir à un enfant? En ai-je les moyens financiers?
- Si je deviens parent unique, puis-je assumer seul la responsabilité de cet enfant?

Maintenant, il est possible de planifier la venue d'un ou des enfants grâce à la contraception. On peut dire qu'il y a de bonnes et de moins bonnes raisons qui incitent à concevoir un enfant.

Les raisons saines:

Un couple vivant une relation stable, désirant partager son amour avec des enfants anticipe la joie de donner naissance ou d'adopter et est confiant de pouvoir accompagner avec plaisir ces enfants jusqu'à la maturité.

Une personne seule, bien entourée, avec des revenus suffisants, peut prendre soin d'un enfant sachant qu'elle en a les capacités.

Les raisons risquées:

Un couple en pleine lune de miel, n'ayant pas terminé son adaptation rêve au délice d'ajouter un petit être en oubliant que l'apprentissage d'une vie nouvelle et celui d'une grossesse exigera peut-être trop d'adaptation.

Un couple plus ou moins uni, qui décide d'avoir un enfant dans le but de renouer ses liens, risque de les voir éclater et de mettre l'enfant dans une cellule familiale fragile. Il faudra à ce couple une évolution rapide pour arriver à donner à l'enfant l'amour dont il a besoin.

Accepter l'enfant surprise

Même à notre époque, la contraception n'est pas toujours efficace et des grossesses imprévues surviennent fréquemment. Plusieurs émotions envahissent alors les parents: surprise, anxiété, joie. Décontenancés d'abord, ils accueillent graduellement cette nouvelle vie en marche et renoncent à l'avortement pour diverses raisons. Un cheminement se fait. Petit à petit, l'un ou l'autre, puis les deux futurs parents commencent à préparer la venue de ce petit être. Le *Parent entraîneur* reconnaît ses sentiments ambivalents, mais, avec confiance, fait de la place à l'enfant dans sa vie. S'il trouve cette situation au-dessus de ses forces, il demande du soutien à ses proches.

La grossesse et l'accouchement

C'est la femme qui porte l'enfant, mais de plus en plus de pères s'intéressent à la croissance de leur bébé. Ils participent aux cours prénatals et sont actifs au moment de l'accouchement. Que l'accouchement soit fait à domicile ou en centre hospitalier, il est préparé comme un événement majeur, une fête à célébrer. L'enfant entend la voix de ses parents dans le ventre de sa mère et souvent y réagit. Le lien avec l'enfant se fait dès le moment de la naissance. La communication est empreinte de tendresse et d'émerveillement.

L'adoption

Certains couples aux prises avec des problèmes d'infertilité, désirant malgré tout élever des enfants, choisissent l'adoption. À cause du peu d'enfants de notre milieu disponibles à cette fin, nombreux sont ceux qui se tournent vers l'adoption internationale.

Une telle décision nécessite une profonde réflexion sur cet engagement à long terme. De plus, lorsque l'enfant est d'une autre race, d'une autre culture et d'un autre pays, ce processus demande une plus grande ouverture d'esprit et de réelles capacités d'adaptation pour faire face aux différentes étapes de la démarche en question.

Différentes associations spécialisées accompagnent les requérants dans les démarches complexes et onéreuses et les guident de façon à ce qu'ils réalisent leur projet.

La réalité se révèle habituellement difficile. Une fois l'enfant trouvé et choisi, les parents séjournent dans le pays d'origine de l'enfant et la relation s'établit avec le bébé en coopération avec le personnel de la crèche où le petit a vécu depuis sa naissance. Marqués par les conditions de vie difficiles des pays en voie de développement où souvent sévit la guerre, ces enfants arrivent avec des problèmes de santé et des carences affectives notables. Les retards physiques, psychomoteurs et intellectuels sont parfois longs à rattraper. Les parents habituellement très motivés redoublent d'efforts. Pour les enfants, les différences que cause le fait d'être adoptés et d'être d'origine étrangère amènent des stress particuliers malgré l'amélioration de leur condition.

Le lien se crée de façon unique et intègre de multiples facettes. Besoin d'affection, besoin d'être accepté inconditionnellement. L'enfant doit aussi adopter réciproquement ses parents. Certains adoptants prévoient emmener les enfants dans leur pays d'origine et même favorisent la rencontre avec la mère biologique. Cette ouverture donne généralement des résultats positifs. Le jeune connaît alors ses origines et en apprécie davantage ses parents adoptifs.

L'enfance

La première année

Le *Parent entraîneur* tente de répondre aux besoins particuliers de son enfant à chaque étape de sa vie.

Le bébé a besoin de chaleur, de nourriture et de caresses.

Déjà, à un mois, il apprécie la présence d'autres membres de la famille. Cette participation stimule sa vision, son audition. Il aime être en relation, gazouille en regardant dans les yeux.

Vers l'âge de trois mois, un enfant a déjà une relation significative avec son parent. Il sait comment obtenir son attention. Le parent commence alors à lui faire comprendre, par exemple, qu'il ne peut pas lui faire passer des nuits blanches, qu'il doit dormir et que durant certaines périodes, comme la préparation des repas, son père ou sa mère a besoin d'être tranquille, qu'il peut être dans sa chaise et regarder son parent sans être dans ses bras.

Pour favoriser le développement du langage chez son enfant, le *Parent entraîneur* lui parle souvent, clairement et évite le langage de «bébé». Plus un enfant entend des paroles qui lui sont adressées, plus son langage est stimulé, plus il acquiert de vocabulaire.

Pour développer son habileté motrice, on lui offre des jeux variés tels que des blocs, des tours, etc. Pour entretenir un contact chaleureux, le parent peut chanter, le bercer, lui faire des massages et le faire participer aux repas familiaux.

Lorsqu'il commence à se traîner par terre, l'enfant aime fouiller dans les armoires et toucher à tout. Cette activité est nécessaire pour développer sa coordination. Le *Parent entraîneur* verrouille les armoires contenant des objets ou des produits dangereux, mais il ne s'épuise pas à continuellement surveiller l'enfant. Aux heures de pointe par exemple, au moment de la préparation du repas du soir, où tous sont fatigués, il met l'enfant dans un parc pour bébés pendant environ une demi-heure, en présence des autres membres de la famille qui vaquent à leurs occupations. Lorsque ce geste est fait à l'occasion, il arrive que l'enfant demande à entrer dans son parc; il se calme alors de lui-même.

L'utilisation d'une chaise à la hauteur de la table incite les enfants au calme, ils mangent mieux ainsi tenus de rester à la table, le temps de manger leur repas. Leur santé en bénéficie et ils sont plus sécurisés. Ainsi, ils prennent des repas complets, sinon ils grignotent toute la journée en pleurnichant.

L'attitude du *Parent entraîneur* face aux problèmes du bébé

Les problèmes les plus fréquents sont les pleurs, le fait de prendre le jour pour la nuit, et les problèmes de santé. Ce qui est le plus difficile, c'est le problème d'épuisement dû aux nuits coupées. C'est là que les parents sont attentifs et se donnent des moments pour récupérer.

Les pleurs sont un signe de malaise.

Est-ce physique? Ballonnement, irritation, douleurs, faim, maladie à venir?

Est-ce un besoin de compagnie? Très jeunes, à moins d'un mois, les enfants demandent et apprécient la présence de personnes qui communiquent avec eux, les promènent, les caressent.

En ce qui concerne le changement du jour pour la nuit, il peut être nécessaire de régulariser le cycle de l'enfant en le gardant plus longtemps éveillé le jour et en s'en occupant moins durant la nuit.

La petite enfance

Vers l'âge d'un an, il commence à marcher et demande beaucoup de surveillance.

Vers l'âge de deux ans, il entre dans sa période d'affirmation et découvre le plaisir de s'opposer. L'enfant dit «non» à tout propos; plusieurs parents réprouvent ces réponses saines. Ils ne comprennent pas que l'enfant découvre son nouveau «moi» et le confronte à celui de l'adulte. Le nombre considérable d'enfants maltraités durant cette période témoigne éloquemment de cette incompréhension.

Vers l'âge de trois ans, l'enfant devient plus sociable et aime faire plaisir. Il commence à dessiner, à faire de la musique. Il parle correctement, est propre, ne porte plus de couches; il est harmonieux.

L'enfant de quatre et cinq ans se prépare à apprendre à lire, à compter. À cet âge, le développement intellectuel et social s'accélère. Le parent lui fait suivre des cours pour développer le mouvement, la musique, le dessin. Dans certains cas, l'enfant commence à faire du sport. Une stimulation précoce est favorable au développement, car les capacités d'apprentissage sont grandes en bas âge. La fréquentation des classes de prématernelle présente une préparation graduelle.

À six ans, l'entrée à l'école crée une certaine anxiété. Avec du soutien dans la famille et un bon accueil à l'école, peu à peu le petit s'acclimate. Jean-Benoît, 6 ans, magnifique enfant, porte une chevelure abondante. Il craignait de prendre l'autobus scolaire, car chaque fois les grands l'attaquaient en l'appelant «moumoute». Il a dû apprendre à ignorer leurs sarcasmes. Maintenant, il entre dans l'autobus en se tenant droit, ne manifestant pas sa crainte et s'assoit avec ses compagnons à une place désignée par le chauffeur.

Vers l'âge de sept et huit ans, le groupe d'amis prend de plus en plus de place. L'enfant se socialise et apprend aussi à régler des problèmes avec les autres. À cet âge, il commence parfois à recevoir des coups. Il faut savoir outiller l'enfant afin qu'il n'ait pas à développer les modèles de victime ou de persécuteur et qu'il puisse régler ses problèmes sans violence. Si, par exemple, le jeune se fait continuellement frapper dessus par ses amis, il est nécessaire de lui montrer à s'affirmer dans le groupe.

Durant l'enfance adulte, c'est-à-dire à neuf et dix ans, l'enfant connaît une période d'équilibre et de force. Plus sociable, plus disponible pour l'apprentissage, il aime aussi exercer des sports. Habituellement, il étudie bien et s'intègre au groupe. Sa personnalité se dessine.

L'attitude du *Parent entraîneur* face aux problèmes de l'enfant

Au cours de son enfance, l'enfant présente différents problèmes. Voici ceux que je rencontre le plus souvent dans ma pratique professionnelle.

La lenteur

Actuellement, les exigences de performance sont considérables. L'enfant, pour s'adapter à l'école, doit avoir acquis beaucoup sur les plans du langage, de la motricité, de la sociabilité et de l'autonomie affective. Cela exerce une puissante pression, à la fois

sur le parent et sur l'enfant. Dans certains cas, l'enfant se développe très bien dans certains domaines, comme le langage, et
reste plus lent en motricité. Il peut éprouver de la difficulté à apprendre à écrire, par exemple. Les problèmes de lenteur sont souvent associés à un manque de stimulation.

Si, par exemple, Jean-François a de la difficulté à parler, peut-
être faudrait-il prendre quelques minutes par jour pour lui faire
dire des mots et l'encourager à parler davantage. Si Élisabeth a de
la difficulté à être autonome, peut-être faudrait-il la faire garder
quelques heures par jour pour qu'elle s'habitue à se séparer de ses
parents.

L'hyperactivité

Voici le cas type d'un enfant hyperactif que j'ai eu le plaisir
de traiter.

Gabriel a 7 ans. Après trois mois de sa deuxième année à l'école,
ses résultats scolaires révèlent déjà qu'il devra probablement re-
doubler cette classe. À la maison, la vie est insupportable. Louise,
sa mère, est épuisée. Le père est décédé dans un accident, un mois
après la naissance de Didier, le deuxième enfant âgé de 4 ans.
Louise a pris son courage à deux mains, marchant souvent sur ses
sentiments de chagrin. Depuis deux ans, André, menuisier, calme
mais ferme, habite avec eux. Très engagé envers Louise, il veut
faire sa vie avec elle. Un obstacle se dresse: il ne peut supporter
le comportement de Gabriel et, par conséquent, ne réussit pas à
créer un lien profond avec lui.

Lors de la première entrevue, Gabriel a crié, tempêté et grimpé
sur tous les meubles de mon bureau et a visité, en plus, les bu-
reaux de mes collègues de travail. Pendant ce temps, j'ai observé
le style d'intervention de Louise et André. D'une façon générale,
ils restaient assis sans bouger. À la maison, Louise est plutôt débonnaire. Elle est consciente que la mort du père est à l'origine
du problème. Elle et Gabriel refoulent leurs émotions. André, plus
impartial et éducatif, demande des changements et intervient pour

que Gabriel se comporte plus agréablement. Son intervention est sabotée par Louise qui le trouve trop sévère.

Je travaille alors avec les parents pour les amener à faire équipe. Louise, en bonne éducatrice, reconnaît que son attitude face à Gabriel n'offre aucune forme d'encadrement, ce qui est nuisible. Ils s'entendent pour qu'André s'engage à être plus patient à condition que Gabriel fasse des efforts pour se calmer. Déjà au bout d'une semaine Gabriel «écoute» mieux. Les parents sont encouragés. Au bout de la quatrième entrevue, Gabriel qui se révèle être un garçon brillant, décide d'être le thérapeute et d'animer l'entrevue, ce que j'accepte, amusée. Gabriel propose alors un tableau avec des étoiles pour chaque jour et négocie des ententes avec Louise et André. Deux semaines plus tard, c'est la Saint-Valentin.

Gabriel se désorganise. Louise et André lui présentent une alternative: participer à la fête en lui faisant honneur ou la passer dans sa chambre, en crise. Gabriel choisit de profiter de la fête et le lendemain, lors de son entrevue, annonce qu'il peut bien se comporter si on le respecte! Maintenant, Gabriel est calme, concentré; il est habile en mécanique et ses parents l'encouragent à développer ses habiletés.

L'histoire de Gabriel se répète en plusieurs exemplaires et la plupart de ces enfants hyperactifs peuvent être aidés en moins de dix entrevues familiales et d'un suivi une fois par mois.

Que dire alors du tort causé aux enfants hyperactifs qu'on oblige, sous peine d'expulsion de l'école, à prendre un médicament ayant pour fonction de calmer l'enfant mais causant on ne sait combien d'effets secondaires désastreux. Ceci est un scandale dont il serait utile, voire impérieux, de discuter sur la place publique. C'est seulement après une évaluation psychologique approfondie qu'un médicament psychotrope peut être administré à un enfant. Il doit de toute façon être suivi de très près.

L'adolescent

Beaucoup de parents appellent cette période «l'âge ingrat». Effectivement, l'adolescent se démarque et quelquefois s'oppose à l'adulte. C'est tout un art pour les parents que de savoir quand encadrer et quand soutenir l'adolescent.

Que dire à Marie-Josée qui entre une demi-heure plus tard que prévu après une rencontre chez des amis où elle s'aperçoit que sa meilleure amie lui a volé son amoureux? Tout d'abord, la soutenir dans l'épreuve ou lui rappeler l'heure à laquelle elle était censée rentrer? Il est sans doute préférable de consoler Marie-Josée dans un premier temps pour ensuite, au moment d'une nouvelle sortie, lui rappeler l'heure de rentrée.

Évidemment, entretenir le dialogue est nécessaire, mais souvent, à cet âge, les adolescents ont leurs secrets qu'ils partagent avec leurs amis plutôt qu'avec leurs parents.

Il existe deux phases dans l'adolescence. Chez les filles comme chez les garçons. Les changements physiques et hormonaux créent des variations d'humeur. De plus, l'adolescent éprouve des émotions et des sentiments complexes. Son intelligence se développe, il s'ouvre au monde. D'une façon générale, on peut dire que chez les garçons la première crise d'adolescence (de 11 à 14 ans) se passe assez facilement. Leur attitude d'opposition se manifeste surtout par des tours. Par contre, chez les filles cette crise est souvent aiguë. Pleurs, colères, insultes sont souvent le lot des parents durant une bonne année et plus. Lors de la seconde étape, les filles acquièrent régulièrement de la maturité et du jugement tandis que de nombreux garçons entre 15 et 18 ans deviennent opposés à toute forme d'autorité et n'acceptent que peu de discipline. Chacun, garçons et filles, essaie ses nouvelles ailes.

L'attitude du *Parent entraîneur* face aux problèmes de l'adolescent

L'adolescence représente une des périodes les plus mouvementées de l'évolution humaine. L'adolescent fait face à des situations nouvelles, imprévues devant lesquelles il ne sait pas toujours comment réagir.

Les problèmes les plus fréquents à cet âge sont la délinquance, les fugues, la sexualité précoce, l'absentéisme scolaire, les fréquentations néfastes et la peine d'amour.

Pour prévenir la délinquance, remédier à la peine d'amour et aux mauvaises fréquentations, le parent aura recours aux outils décrits précédemment et adoptera les attitudes propices pour entretenir un climat de confiance qui doit sans cesse régner entre lui et ses adolescents. Le *Parent entraîneur* stimule, transmet ses valeurs à ses adolescents et les influence même si cela donne parfois lieu à des discussions houleuses. Les rebuffades, les conflits et les affrontements provoqués par ses interventions sont normaux et sains et les adolescents savent en tirer profit quand ils se terminent de façon positive.

Le *Parent entraîneur* résiste au découragement et s'interdit de démissionner. Il n'hésite pas à consulter et à demander du soutien quand il en ressent le besoin, car certains conflits sont particulièrement critiques et exigent une présence soutenue.

Délinquance

Le manque d'activités structurées pour l'adolescent lui laisse tout le temps pour retrouver son groupe, pour traîner son désœuvrement dans les rues et pour peupler ses loisirs d'activités délinquantes, expérimenter les relations sexuelles précoces et sans amour, s'initier à l'usage de la drogue et abandonner graduellement ses études. Dans certains cas, l'adolescent a des problèmes personnels, ses colères et son comportement parfois belliqueux tournent à la révolte. Dans sa crise aiguë, il s'oppose systématiquement aux adultes et à la société en général. Laissé à lui-même, cet adolescent peut commettre des actes répréhensibles et même punissables par la loi. Ces situations risquent de s'aggraver et de marquer à jamais sa vie, particulièrement si le jeune fait des fugues et erre dans les milieux où règne la criminalité.

De nombreuses demandes en thérapie proviennent de familles où un adolescent est sur le point d'être renvoyé de l'école et où les parents sont épuisés par les provocations.

Joël, 15 ans, a été placé deux semaines en famille d'accueil pour temporiser une crise. La police a dû intervenir après qu'il eut violenté sa sœur de 12 ans et insulté très grossièrement ses parents. Le père, constatant l'ampleur des difficultés, consulte et se rend compte que depuis longtemps il a perdu contact avec ses enfants et désire reprendre la maîtrise de la situation.

Pour retenir l'adolescent inactif sur la pente de la délinquance, le parent l'aide à structurer et à encadrer ses loisirs: amis, sports, arts, groupes sociaux. Pour corriger les excès dans les paroles et dans les actes de l'adolescent agressif, il lui procure plus d'affection, l'aide à surmonter ses colères, à accepter une certaine discipline et répond à ses provocations par une attitude ferme et consistante. Le parent lui enseigne, par exemple, à rentrer à des heures raisonnables, à prendre certaines responsabilités et à se comporter en société de façon acceptable.

Sexualité précoce

Parfois, l'adolescent commence à avoir une activité sexuelle sans réellement éprouver d'affection; il tente une expérience. Cela peut le désorganiser, car cette relation n'est pas accordée à ses sentiments. De plus, par ignorance ou par insouciance, les adolescentes s'exposent parfois à des grossesses prématurées qui, malgré la contraception, sont en augmentation, et nombreux sont les garçons et filles qui contractent des maladies transmissibles sexuellement.

Le parent convainc l'adolescent d'agir avec discernement et responsabilité dans ses relations sexuelles, lui passe des messages clairs, simples, reste ouvert au dialogue et s'assure que l'adolescent possède l'information pertinente sur la question. Il conserve ce climat de confiance essentiel à toute bonne communication par un esprit d'accueil et d'ouverture.

Mylène, 17 ans, s'ennuie; elle place des appels sur la ligne téléphonique «rose». Ainsi, elle prend des rendez-vous avec des hommes. Elle est surprise de les voir devenir entreprenants, et s'étonne qu'ils veuillent l'emmener de force dans leur chambre à coucher. Elle est humiliée d'être traitée de la sorte par ces hommes. Ces appels téléphoniques coûtent évidemment très cher à ses parents. En thérapie familiale, nous l'avons encouragée à se faire respecter et à trouver d'autres formes de relations plus satisfaisantes. Sa mère la met en contact avec un certain jeune homme qui a montré de l'intérêt pour elle. Son père a décidé de lui parler davantage.

Absentéisme scolaire

Souvent l'adolescent est malheureux à l'école et, finalement, renonce à étudier. Environ 40 % des adolescents ne terminent pas leurs études secondaires. Dans notre société, cet abandon rend périlleuse la recherche d'un emploi de qualité. Il arrive que l'école devienne un véritable poids pour l'enfant quand elle ne va pas dans le sens de ses goûts. Des tempéraments d'artistes, des gens nantis de talents manuels ou même de talents intellectuels supérieurs négligent leurs études parce qu'on leur impose des cours dont le contenu n'est pas assez stimulant ou ne leur convient pas. Beaucoup de dépressions, de manques d'intérêt surgissent quand l'adolescent n'est pas assez occupé, pas assez stimulé. Le parent craint parfois d'exiger trop de son enfant, et, sous prétexte de le ménager, l'empêche de développer ses possibilités et lui rend la vie terne, car dépourvue de défis. Il arrive aussi que l'enfant s'adapte mal à l'école quand le parent projette sur lui ses propres désirs de réussite professionnelle et le pousse à faire des études qui ne correspondent pas à ses goûts véritables.

Malgré les insuffisances du système scolaire, le manque d'encadrement à la maison est la première cause de l'abandon des études par les adolescents. Pour encourager l'enfant à persévérer dans ses études, le *Parent entraîneur* l'amène d'abord à reconnaître la nécessité de posséder les matières de base. Il prend le temps de voir à ce que l'enfant étudie, le soutient dans son effort et réfléchit en sa compagnie sur ce que sera pour lui un avenir heureux. Comment agit-il? Une fois ou deux par semaine, il regarde les travaux scolaires de son jeune. Il vérifie si les recherches en cours ont un suivi. Il va aux rencontres à l'école et demande des rendez-vous spéciaux au titulaire. Il s'assure que des cours de rattrapage soient offerts à l'adolescent si c'est nécessaire.

Le Parent entraîneur respecte la personnalité profonde de son enfant tout en exigeant de lui son plein rendement. L'enfant en ressentira de la plénitude et de la satisfaction. En effet, la personne qui utilise son plein potentiel est beaucoup plus heureuse qu'une autre qui le néglige.

Ce parent ne se laisse pas arrêter par les confrontations que ses interventions pourraient provoquer. Elles sont généralement moins nocives que le désintéressement qui laisse l'enfant dans un climat d'insécurité des plus aliénants.

Pour éviter de projeter ses désirs sur son enfant, le parent peut lui faire rencontrer un conseiller en orientation pour identifier ses goûts, ses aptitudes et ses motivations réelles.

Fréquentations nocives, drogue

Son autonomie psychologique encore fragile, l'adolescent se laisse fréquemment entraîner par des groupes qui ont des valeurs opposées au système familial. Il se laisse dominer, influencer par des amis qui ont de l'ascendant sur lui et qui sont souvent d'habiles manipulateurs. L'adolescent, sous l'emprise de ce pouvoir, calquera son comportement sur celui de ses copains, même si ceux-ci l'empêchent de vivre selon ses propres valeurs et l'entraînent à des actes de délinquance, à consommer de la drogue, etc.

L'adolescent en ressentira une vive et profonde insatisfaction de lui-même, perdra de son assurance en dépit de ses bravades et accroîtra aussi son sentiment d'insécurité.

Pour aider l'adolescent à choisir des amis qui auront un effet positif sur son développement, le parent aura beaucoup de négociations à faire. Le *Parent entraîneur* ne calcule pas le nombre d'heures qu'il passera à dissuader son enfant de fréquenter telle personne qui ne lui convient pas. Il reste cohérent et patient pour pouvoir démontrer le bien-fondé de sa demande. Il fait prendre conscience à son enfant du tort qu'il se cause et le persuade de choisir quelqu'un qui a des valeurs semblables aux siennes et qui pourrait le rendre plus heureux.

Par exemple, le parent d'un adolescent dont le succès de l'année scolaire est compromis parce qu'il fréquente un groupe de jeunes qui n'ont pas de motivation à l'école encadre d'abord davantage son enfant en s'assurant que les travaux scolaires sont bien exécutés à la maison puis, graduellement, l'incite à fréquenter surtout des jeunes qui étudient bien et, finalement, l'y encourage en n'acceptant dans la maison que des étudiants qui travaillent bien en classe.

La peine d'amour

Ayant une autonomie psychologique précaire, l'adolescent reste vulnérable au choc de la rupture qu'il subit douloureusement. Même s'il a démontré un équilibre satisfaisant durant de longues périodes, poussé subitement par une peine d'amour, il peut sombrer dans un profond désespoir qui risque parfois de le mener jusqu'au suicide.

Il faut prendre au sérieux les peines d'amour à cet âge, car elles lui causent une réelle souffrance. L'anxiété et la tristesse que vit alors l'adolescent lui causent une vive douleur. Le *Parent entraîneur* le soutient de son affection et l'accompagne en lui témoignant la compréhension, l'attention, la présence et le respect, et en évitant de minimiser la situation par des remarques comme: «Ah, il y en aura d'autres.»

Julie, 14 ans, n'étudie plus, maigrit à vue d'œil, refuse d'aller garder des enfants. Isolée dans sa chambre, elle sèche ses cours. Sa mère ne sait plus quoi faire. Steve, 17 ans, est devenu indifférent. Il travaille maintenant plus de soixante heures par semaine comme livreur pour un restaurant et n'a plus de temps pour fréquenter Julie. Il est devenu plus intéressé à son emploi qu'à Julie et ses sentiments pour elle diminuent. Julie est au désespoir. Graduellement, sa mère arrive à rétablir le contact. Elle a eu peur, car Julie consommait de la drogue et désirait mourir. Peu à peu avec de l'écoute et beaucoup de tendresse, Julie est revenue à la vie.

Le jeune adulte

Vers 18-20 ans, le jeune adulte approche de l'autonomie complète. Souvent, même la vie en famille lui devient difficile, car ses projets se font en dehors de ce cadre. À moins d'une bonne raison de cohabiter avec ses parents – comme terminer ses études –, il est préférable qu'il fasse l'apprentissage de l'autonomie. S'il demeure trop longtemps avec ses parents, il perd son aptitude à se prendre en charge, ne prend pas son envol et se détériore moralement un peu comme le bébé qui, porté plus de 9 mois, se détériore physiquement.

Durant cette période toutefois, les plus grandes décisions de la vie se prennent: le choix d'un conjoint, d'une carrière, d'un mode de vie. Le jeune a donc besoin du soutien de ses parents. À cet âge, les valeurs spirituelles, sociales, intellectuelles se précisent. Le parent voit alors le résultat de son éducation.

L'attitude du *Parent entraîneur* face aux problèmes du jeune adulte

Le parent débonnaire ou absent se retrouve souvent devant un jeune adulte qui éprouve de la difficulté à s'intégrer dans la société. Le parent n'a pas enseigné à son adolescent à se suffire à lui-même: il lui a fourni tout l'argent qu'il désirait pour ses dépenses personnelles, lui a fait des cadeaux sans qu'il en apprécie la valeur monétaire; il ne lui a confié aucune responsabilité à la maison. Il ne doit donc pas se surprendre si son enfant, au sortir de l'adolescence, manque de maturité et d'autonomie et est incapable d'affronter les exigences toujours croissantes de la société. Plusieurs jeunes adultes, en effet, rencontreront de grandes difficultés d'adaptation et éprouveront des problèmes de manque d'identité, d'autonomie retardée, d'état dépressif et d'évasion dans les drogues.

Autonomie retardée

Cette autonomie retardée se manifeste à la fois par le chômage et par des études interrompues. Un manque de confiance retarde l'entrée du jeune adulte dans le monde du travail et ralentit sa prise en charge personnelle. Quand le jeune adulte part de la maison, puis revient, n'ayant pas réussi à faire le pas, il souffre dans son amour-propre et voit sa confiance diminuée d'autant.

Dépression

Le jeune adulte souffre souvent d'un manque d'identité. Il se connaît peu et n'a pas beaucoup confiance en lui; il est souvent déprimé et désemparé face aux exigences du monde du travail et de la vie en appartement.

Tendances suicidaires

Le Québec détient le triste record du plus haut taux de suicide dans le monde chez les jeunes de 18 à 25 ans, et cela peut arriver dans les familles les mieux organisées. Plusieurs facteurs sont en cause.

Laissés à eux-mêmes parce qu'on a cru qu'ils avaient tout en eux pour se développer, ils arrivent mal préparés pour faire face aux réalités de la vie telles que le travail, l'autonomie personnelle.

Souvent mal scolarisés, dans des disciplines dont les débouchés n'existent plus, ils ont le sentiment de ne pas être désirés.

Les adultes qui aident les jeunes à s'orienter ne sont souvent pas au fait des grandes réorganisations économiques et de leur impact sur la main-d'œuvre. Il existe des livres et des documents sérieux sur les probabilités de carrière qui informent les jeunes sur les métiers et professions qui offrent un avenir.

L'insuffisance de scolarisation peut aussi être une source de découragement. L'absence de débouchés et de postes stables affaiblit le moral des jeunes.

De plus, on ne parlera jamais assez des dégâts causés par la drogue. Plusieurs sont devenus dépressifs à la suite d'abus de drogue et s'en remettent difficilement. La somme d'énergie à leur disposition est amoindrie pour leur permettre de réorganiser leur vie.

Enfin, la fragilité de la vie sentimentale fait qu'un grand nombre d'entre eux vivent des relations brèves et sans projet d'avenir. Un nombre élevé de jeunes femmes surtout vivent seules avec leur enfant.

La prévention de ces problèmes est plus facile que leur résolution. En effet, c'est pendant l'adolescence que le parent peut enseigner graduellement à son enfant l'autonomie, la responsabilité, le courage, faire valoir ses valeurs, cultiver la connaissance de soi, lui inculquer l'habitude de maîtriser ses impulsions et lui enseigner à distinguer par lui-même ce qui lui convient vraiment. Si ce travail d'éducation n'a pas été fait pendant l'adolescence, le parent aura à le terminer auprès de son jeune adulte dont l'adolescence se prolonge. En évitant d'être complaisant en accueillant le jeune adulte qui demande à revenir à la maison, le parent peut l'aider à s'armer davantage pour faire face aux réalités, tendre à la maturité et trouver l'équilibre et le bonheur.

Les itinéraires particuliers

L'enfant ou l'adolescent handicapé

Découvrir que son enfant n'est pas normal, qu'il présente des difficultés importantes sur le plan cérébral, physique, affectif ou mental est une épreuve. Le parent a besoin d'un soutien souvent prolongé pour accompagner avec bonheur son enfant dans son développement.

Le parent traverse généralement différentes étapes dont la première est évidemment la révolte. Certains parents vont jusqu'à souhaiter la mort de leur enfant pour lui éviter de souffrir quand il devra s'intégrer à la société.

Le parent finit par vivre le deuil de l'enfant qu'il aurait voulu avoir et découvre les qualités particulières et les limites de cet être qu'il lui a été donné de chérir. Il vit une croissance personnelle importante. Ses valeurs changent et il perçoit la valeur unique de chaque personne, valeur plus importante que sa productivité.

Cette étape de croissance est souvent difficile à traverser. Certains parents, incapables d'accepter tel qu'il est l'être qu'ils ont mis au monde, le rejettent. Parfois, l'un des parents refuse l'enfant tandis que l'autre l'accepte et cette dissension peut amener la séparation du couple.

À court terme, le parent s'épuise souvent à cause des nombreux soins qu'exige un enfant handicapé.

Le parent d'un enfant handicapé évite de le surprotéger. La pitié ou le besoin de se sentir utile en gardant celui-ci dépendant ne favorisent pas son autonomie.

À la suite d'un rejet ou de l'épuisement, certains parents choisissent de placer l'enfant en institution de façon définitive et de ne le voir que rarement. Le parent peut bénéficier parfois de services, de soutien régulier et considérable, soit sur le plan financier, soit sur le plan de la vie quotidienne, par de l'aide à domicile ou de gardiennage pour lui permettre de se reposer de temps à autre.

L'enfant ou l'adolescent doué

Certains jeunes ont des capacités intellectuelles qui dépassent la moyenne. Les enfants alors s'ennuient en classe... et commencent à faire des gestes délinquants.

Maintenant, dans les écoles publiques, il existe des cours enrichis, et l'école internationale donne accès à un diplôme d'études secondaires et à un baccalauréat reconnu dans plusieurs pays.

Mais, à la maison, ces enfants sont généralement avides d'apprendre. Ils posent de nombreuses questions, désirent accomplir des activités complexes et souvent s'ennuient.

Certains parents craignent d'épuiser leurs enfants en leur proposant trop d'activités. Évidemment, le juste milieu est recommandé. Un programme d'activités bien équilibré peut combler les enfants. Selon leurs goûts, ils peuvent faire du sport ou apprendre un instrument, fréquenter la bibliothèque et entrer dans certains groupes d'utilisateurs d'ordinateur et faire avancer ainsi leur développement.

Pour que leur développement social suive leur vie intellectuelle, il vaut mieux qu'ils demeurent avec des jeunes de leur âge. Car savoir se faire des amis et vivre en groupe est aussi très important.

Exercice

- Déterminez l'étape à laquelle votre enfant est arrivé.
- Nommez les difficultés particulières qu'il rencontre dans la famille, à l'école et dans le milieu social.
- Si votre enfant a un ou des handicaps particuliers, déterminez les actions spécifiques nécessaires pour développer son autonomie, son bien-être.
- Ouvrez une fiche d'observation de l'enfant.
- Bâtissez un programme.

Exemple:

FRANÇOIS, 13 ANS

	Santé-sécurité	*Affection*	*Éducation*
Diminuer l'acné	Nettoyage spécial Nourriture plus saine		
Tristesse à surmonter		Lui dire ses qualités L'encourager L'écouter	
Batailles au sport à arrêter			L'outiller pour qu'il règle ses conflits équitablement

- Partagez le programme avec l'adolescent. Souvent, il est préférable de prendre l'initiative d'un canevas de base et d'en discuter. Une bonne conversation favorise des rajustements.

- Objectifs généraux: santé-sécurité, affection, éducation.
- Objectifs spécifiques à l'enfant: élaborés à la suite d'une analyse des problèmes à régler et selon l'âge de l'enfant.

Chapitre 7
Famille et variations

Situations particulières à notre époque

UNE FAMILLE se compose de plusieurs personnes de générations différentes qui vivent ensemble et dont l'une
assume la responsabilité affective et économique de
l'autre. Malgré un éclatement évident des clans familiaux, le choix
de vivre en famille demeure.

La famille traditionnelle était composée d'un homme et
d'une femme mariés pour la vie, unis pour le meilleur et pour le
pire, afin de «fonder un foyer» et y élever de nombreux enfants.
La mère de ces familles ne quittait pas la maison. Les enfants,
même devenus adultes, demeuraient souvent dans les environs,
avaient des contacts quotidiens et s'entraidaient.

La femme a évolué. Celle-ci désire une plus grande autonomie
économique et a accès au contrôle des naissances. Rares sont les
familles qui excèdent le nombre de deux enfants et la moyenne
des enfants par famille est de 1,4.

L'homme a évolué et accepte de plus en plus l'autonomie de
la femme. Beaucoup d'hommes comprennent que l'autonomie
de leur compagne allège leur rôle de pourvoyeurs et leur permet
de faire davantage pour améliorer les relations affectives avec leur
conjointe et leurs enfants.

Le cheminement vers une nouvelle égalité dans les relations
homme-femme débouche sur un dilemme considérable. Certains
hommes trouvent difficile de s'ouvrir sur le plan affectif et sont
souvent mal reçus. Des femmes vivent des contraintes reliées à la

double tâche lorsqu'elles tendent à travailler à plein temps ou à faire carrière. Comment trouver l'équilibre du couple tout en élevant des enfants? se demandent les hommes et les femmes d'aujourd'hui.

Près de la moitié y arrive et conserve l'intégrité de la famille. Des remises en question régulières alimentent les conversations et le couple trouve des solutions par des mises au point telles qu'une communication plus régulière, une plus grande participation de l'homme dans les tâches ménagères et un pouvoir accru des femmes quant aux décisions d'ordre économique.

La nouvelle loi sur le partage du patrimoine familial vient protéger les femmes qui, durant quelques années, consacrent leur temps à leurs enfants. Elles deviennent ainsi copropriétaires de la maison et de la richesse familiale.

Un grand nombre de couples ont des enfants sans être mariés. Souvent par choix pour se soustraire aux lois ou parce qu'ils n'ont pas résolu un bon nombre de problèmes d'adaptation: «Il travaille trop.» «Elle n'est jamais contente.» «Il laisse traîner ses vêtements.» «Elle n'est pas assez sexuelle.» Le temps passe, des enfants naissent, apportant une cohorte de joies et de soucis, et une nouvelle famille est créée.

Situations sociales

Tous ces changements sociaux ont un impact sur l'individu qui y fait face. Pour vivre en harmonie dans ce monde changeant, il doit développer une grande capacité d'adaptation.

La famille est un système comme le corps humain. Lorsque des familles se défont et se refont, se décomposent et se recomposent, certaines personnes gardent certaines formes de liens avec la famille précédente. Viennent des difficultés d'interaction entre ces différents systèmes, la mauvaise résolution de problèmes tels que la garde des enfants, les sorties, etc. Les nouveaux conjoints qui se tirent bien d'affaire sont ouverts, disponibles et discrets.

Malheureusement, à la suite d'un divorce, certains enfants sont abandonnés ou gravement négligés. À force de vivre des procès et des complications, certains parents «décrochent». Des enfants, même des adolescents et souvent des jeunes adultes manquent de soutien dans des phases cruciales de leur jeune existence.

La famille complète

Les deux parents travaillent

De nos jours, souvent les deux parents travaillent. Tous deux arrivent à la fin de leur journée assez fatigués, mais doivent encore trouver la force et le temps nécessaires à l'entretien de la maison, au transport des enfants à la garderie, etc.

Qualité de la présence des parents auprès des enfants

Les parents d'aujourd'hui allèguent qu'il est plus important d'accorder une qualité plutôt qu'une quantité de temps à son enfant. *Malheureusement, la quantité manquante n'est que rarement remplacée par la qualité.*

La qualité du temps accordé aux enfants est, en effet, souvent minime si les deux parents sont peu disponibles. *Durant les entrevues familiales, le psychothérapeute a souvent beaucoup de difficulté à convaincre les parents de se réserver quinze minutes par jour pour dialoguer avec leurs enfants.* Pourtant, c'est fondamental de porter attention à la personne que l'on veut éduquer, et beaucoup de problèmes pourraient être évités si les parents passaient environ une heure par jour en compagnie de leurs enfants. Ce pourrait être par exemple durant l'heure du bain; tout en jouant avec l'enfant, le parent peut l'observer et discuter avec lui, écouter ses histoires et lui enseigner des choses. Au moment du coucher, il pourrait lui lire une histoire ou le matin, prendre le temps de déjeuner avec lui. Le repas du matin ou le retour de l'école sont des moments propices pour converser avec les adolescents.

La famille séparée

Dans plus d'une situation sur trois, le couple n'arrive pas à régler ses difficultés et se sépare. Les biens sont partagés... et les enfants aussi. La plupart du temps, c'est la mère qui a la garde des enfants. De plus en plus, cependant, les pères tiennent à préserver les relations qu'ils ont créées avec leurs enfants et souhaitent partager leur vie plus qu'une fin de semaine sur deux.

De nouveaux modèles se créent. Bien que certains croient que, pour la sécurité de l'enfant, il vaut mieux que celui-ci n'ait qu'un milieu familial, d'autres types de systèmes familiaux se modèlent avec succès.

La famille monoparentale

Le parent seul qui assume la responsabilité d'un ou de plusieurs enfants est plus vulnérable. La famille monoparentale a souvent des problèmes économiques importants et, de ce fait, de nombreux enfants souffrent de cette pauvreté. Le parent qui travaille et qui a la garde de l'enfant a peu de temps et d'énergie à lui consacrer. L'enfant souffre alors de carences sur le plan affectif ou éducatif.

D'autres arrivent à se débrouiller et à s'organiser efficacement. Le partage des tâches se fait avec les enfants qui deviennent habiles et responsables très tôt. Ce parent a généralement une bonne autonomie affective et économique, fréquente sa famille, a quelques amis, parfois un amoureux qui vit dans son propre appartement. Il a des loisirs qu'il partage avec ses amis. La plupart du temps, il a du plaisir à faire des activités avec ses enfants.

Le *Parent entraîneur* fait pression pour que l'on crée au sein des services de bénévolat de quartier des réseaux de parrainage auprès des parents qui demeurent seuls avec leurs enfants – un peu sur le modèle de ceux qui existent auprès des familles de réfugiés – et y participe dans la mesure du possible.

La garde partagée

La garde partagée se présente sous plusieurs modèles dont voici les plus courants.

Dans le cas le plus fréquent, l'enfant passe une semaine chez maman, une semaine chez papa avec, bien sûr, la même garderie et la même école. Cela sous-entend que les ex-conjoints habitent le même quartier ou sont prêts à assurer les transports vers l'école, les activités culturelles et sportives. Habituellement, les ex-conjoints ont suffisamment fait la paix pour pouvoir se transmettre des informations sur le développement de l'enfant, les soins à lui donner et ses rendez-vous à l'école ou chez le médecin.

Le changement de garde se fait aussi toutes les deux semaines, tous les mois ou selon le partage de la semaine 4 jours 3 jours, selon les années, ou encore on emploie le modèle souple: le jeune va où c'est préférable. Les pensions alimentaires et les déductions fiscales sont déterminées en conséquence.

La garde partagée se révèle à l'usage être le mode de garde supérieur dans le cas où les deux parents ont la disponibilité essentielle et de bonnes capacités parentales. *En effet, la plupart des couples qui optent pour une séparation à l'amiable choisissent maintenant en médiation cette forme de garde, car elle permet à l'enfant de maintenir ses liens affectifs avec ses deux parents.*

Contrairement à ce qui est répandu, les enfants aux «petites valises» ont relativement peu de problèmes, car ils ont l'affection de leurs deux parents. Les recherches démontrent que les enfants souffrent peu d'avoir à vivre dans deux maisons et même jugent fort agréable d'avoir deux chambres et souvent deux groupes d'amis.

Ce sont les enfants gardés par un seul parent, généralement la mère, vivant assez pauvrement, qui sont les plus souffrants. Ils ont le sentiment d'avoir été abandonnés; la pension alimentaire est payée de façon irrégulière et souvent les services de garde sont insuffisants, faute de moyens. Avec le temps, le parent qui demeure seul avec les responsabilités est épuisé et frustré.

En cas de séparation, le *Parent entraîneur* maintient donc les liens avec ses enfants et partage les responsabilités avec l'autre parent. Si les parents séparés ou divorcés trouvent difficile de discuter ensemble de la meilleure façon de se réorganiser, ils peuvent consulter un médiateur membre d'une association de médiation familiale.

L'évolution actuelle de la famille nous amène à devoir regarder celle-ci comme un système composé de personnes. Actuellement, environ la moitié des gens vit selon un mode traditionnel avec un mariage stable. L'autre moitié vit en systèmes familiaux prenant des formes diverses. C'est dans le respect des personnes en cause que nous pouvons comprendre ces nouveaux modes de vie.

La médiation

La médiation familiale est une méthode de résolution de conflits basée sur la coopération et qui présente une approche alternative au système adversaire. Elle vise à aider les conjoints en instance de séparation ou séparés à conclure des ententes dont le but serait de satisfaire les besoins des membres de la famille et de régler toutes les conséquences problématiques que peuvent causer la dissolution du couple et la transformation de la famille[6].

La famille recomposée

Les enfants de l'autre[7]

Comment s'accorder avec les enfants de l'autre? Dans la famille recomposée[8], il arrive qu'une vive amitié et une grande affection surgissent entre un nouveau conjoint et les enfants de l'autre.

6. LAURENT-BOYER, Lisette. *La médiation familiale,* Paris, Éditions Bayard, Travail social, 1993, 266 pages.

7. PARIS, Erna. *Les enfants de l'autre,* Montréal, Éditions de L'Homme, 1985, 314 pages.

8. MARINO, Gerry et FORTIER, Francine. *La nouvelle famille*, Montréal, Éditions Stanké, Parcours, 1991, 155 pages.

Quelquefois, des antipathies majeures naissent entre le nouveau conjoint et les enfants et entre les enfants des deux familles. Ces conflits sont aigus, finissent par peser lourdement sur la relation de couple pour finalement la faire éclater à moins que des aménagements ne soient apportés. Ainsi, Serge et Viviane vécurent ensemble quatre ans. Viviane trouvait Serge injuste envers son fils aîné, Paul. Serge reconnaissait le peu d'atomes crochus entre eux deux, mais ne se percevait pas comme abusif. De guerre lasse, Viviane est repartie vivre en appartement seule avec ses deux enfants. Par contre, le lien conjugal est resté affectueux. Serge et Viviane continuent de se fréquenter assidûment.

Pour Serge, ces enfants élevés selon des valeurs différentes ont une personnalité qui lui fait penser souvent au conjoint précédent. Ils demandent beaucoup de son temps et une énergie qu'il aimerait consacrer à lui-même, à son nouveau couple ou à ses propres enfants.

Valérie, 17 ans, n'a jamais accepté Francine, la nouvelle conjointe de son père, Jean. Elle continue de faire valoir les qualités et les façons de faire de sa mère décédée. Cela crée un froid entre elle et Francine. L'atmosphère était tellement intolérable que Francine a dû partir à la demande de Jean pour vivre en appartement.

Pour s'adapter à cette situation, il importe d'abord de l'accepter et de ne pas se demander mutuellement l'impossible. Beaucoup de personnes se contraignent à vouloir recréer une famille traditionnelle avec des liens affectifs très forts. En général, les liens se tissent graduellement et une certaine distance peut persister.

Le parent se trouve parfois dans la délicate situation de demander à son conjoint de faire des efforts pour mieux comprendre et respecter ses propres enfants. D'autres fois, le nouveau conjoint reproche à l'autre de trop s'occuper de ses enfants et pas assez des siens. Ces équilibres sont difficiles à établir et le couple y parviendra par le dialogue, la négociation et la résolution de problèmes.

La complexité de la vie en famille recomposée est due au fait qu'on doit tenir compte de beaucoup plus de facteurs tels que la sympathie ou l'antipathie entre les enfants de l'un et de l'autre, l'entente avec les ex-conjoints qui demeurent les parents biologiques de l'enfant qu'ils soient ou non présents.

De plus, lorsque la situation devient tendue, les comportements changent. *Ainsi, le Parent entraîneur affectif, qui avec ses enfants peut être débonnaire, devient autoritaire avec les enfants de l'autre qui le dérangent. Le Parent entraîneur éducatif, qui avec ses enfants peut devenir autoritaire, devient débonnaire s'il perçoit que son nouveau conjoint critique trop ses enfants.*

Trouver un juste équilibre exige beaucoup de force des nouveaux conjoints, car répondre aux besoins des enfants tout en vivant une relation de couple enrichissante demande beaucoup d'adaptation.

Michel, 30 ans, et Évelyne, 28 ans, viennent de se rencontrer. D'une précédente union, chacun a un enfant. Michel est le père d'Alexis, 10 ans, Évelyne, la mère de Violaine, 6 ans. Celle-ci présente des troubles majeurs du comportement et redoublera sans doute la première année du primaire. Le père de Violaine accuse Michel et Évelyne d'être la cause de l'agitation de la fillette. Michel et Évelyne considèrent comme une chance de s'être rencontrés. Ils s'aiment et désirent donner une grande place à leur intimité. Ils ont la conviction de pouvoir traverser les difficultés. Ils suivent des cours de relations humaines pour comprendre les situations. Ils sont membres d'une association de familles recomposées et bénéficient des expériences de ce groupe d'entraide.

Exercice

- En réunion de famille, mettez votre système familial à l'ordre du jour.
- Déterminez le type de famille auquel vous appartenez:
  - ☐ Complète
  - ☐ Séparée
  - ☐ Monoparentale
  - ☐ Recomposée
  - ☐ Un clan, avec d'autres membres de la famille ou des amis
- Si vous vivez en famille recomposée, dessinez schématiquement le système dans lequel vous évoluez et ses composantes:

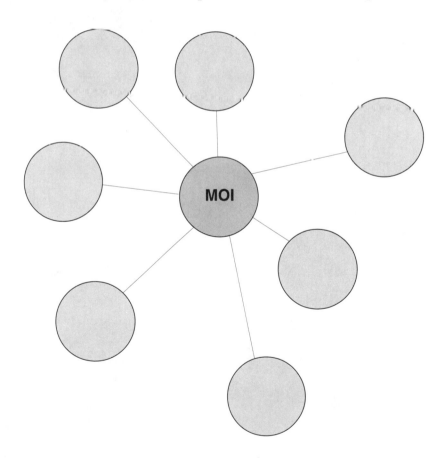

Chapitre 8
La thérapie familiale à votre service

L E BUT d'une thérapie familiale est d'établir un équilibre entre l'autonomie de chacun et l'interdépendance de tous s'il n'a jamais existé, de le rétablir s'il a été rompu ou d'en créer un nouveau par suite de la croissance de la famille, par exemple lorsque les enfants deviennent adolescents.

L'équilibre d'une famille se manifeste par le respect mutuel du développement des individus, le sentiment de satisfaction qu'apportent le soutien affectif et l'intégration avec les autres systèmes sociaux (travail, école, grande famille). Lorsqu'une ou plusieurs de ces fonctions ne sont pas remplies, les interactions deviennent improductives et parfois destructrices.

Quand consulter?

Que le résultat du test du début de ce livre soit satisfaisant ou non, vous recherchez sans doute l'amélioration. Avec une aide professionnelle, de nombreux parents ont effectué des changements et ont réussi à créer un nouvel équilibre dans leur famille. Le parent qui obtient le résultat du test lui révélant qu'il est soit abusif, soit absent, est sans doute plus en difficulté qu'il ne le croit. Ses enfants souffrent et il y aurait intérêt à améliorer la situation dans les plus brefs délais. Si le parent est autoritaire ou débonnaire, des conférences ou des cours peuvent l'aider à s'améliorer. Si le test révèle qu'il est entraîneur, il peut résoudre ses problèmes en appliquant la méthode du *Parent entraîneur.*

Avec la méthode du *Parent entraîneur,* de nombreuses familles peuvent résoudre par elles-mêmes leurs problèmes à court et à moyen terme. Souvent, en réunion de famille, les membres redéfinissent leurs intentions, puis modifient leurs attitudes et leurs comportements. Graduellement, la tension baisse pour faire place à une aisance par laquelle chacun peut être lui-même tout en respectant les autres.

Cependant, il arrive que, malgré des efforts soutenus, les manifestations suivantes subsistent:

1. Un sentiment de tristesse et de malaise envahit les membres de la famille aussitôt qu'ils se réunissent.

2. Les discussions sur des problèmes précis – tels que marché, budget, sorties, enfants, intimité – deviennent improductives, tournent au vinaigre, chacun demeurant sur ses positions. Aucune activité commune n'est dans ce cas possible ou agréable.

3. Un ou plusieurs enfants développent des problèmes de comportement importants; ils se replient, se renferment ou deviennent fréquemment agressifs.

4. L'un des membres du couple ou les deux se sentent frustrés. Ils menacent de se désengager.

5. L'un des conjoints a une aventure, mais choisit de retourner avec sa famille.

Dans ces cas, la famille peut bénéficier d'une thérapie familiale.

1. Un deuil qui se prolonge au-delà d'un an ou qui occasionne un état dépressif important.

2. Des indices qu'un enfant ou un parent a de la difficulté à accepter le départ du conjoint et laisse sa colère ou son ressentiment nuire aux personnes concernées.

3. L'adaptation en famille recomposée se fait difficilement:
   • l'enfant rejette le nouveau conjoint;

- le nouveau conjoint n'accepte pas l'enfant et le contra-rie continuellement;
- l'entente sur certaines consignes n'est pas claire avec l'ex-conjoint et le parent biologique d'un enfant;
- l'organisation familiale ne convient pas au nouveau conjoint.

4. Des difficultés surgissent au sujet de la garde des enfants au moment de la séparation ou quelques années plus tard.

5. Une bonne planification d'une séparation à l'amiable avec protection des enfants.

Qui consulter?

Un bon thérapeute familial doit parler dans un langage compréhensible, identifier les problèmes avec précision, agir avec respect et compassion et, le cas échéant, intervenir avec une lucidité sécurisante.

Pour agir, le psychothérapeute doit détenir un certain pouvoir lié à l'exercice de sa compétence, mais il est avant tout au service de la famille en tout temps. Tendre à sa propre autonomie, c'est le chemin de la santé.

La famille cliente doit être à l'aise avec son psychothérapeute. Elle aura probablement des observations ou des interventions difficiles à accepter, mais les clients doivent percevoir que le spécialiste agit dans leur intérêt. Si ce n'est pas le cas, il lui faut pouvoir en discuter avec le psychothérapeute et comprendre qu'ils sont seuls maîtres à bord de leur propre vie et que la responsabilité de la famille leur appartient d'abord à eux et à leurs conjoints.

Il existe plusieurs approches en thérapie familiale.

L'approche du *Parent entraîneur* tend à la réorganisation de la famille de façon à ce qu'elle réponde aux besoins actuels de ses membres.

Elle permet d'identifier et de dénouer des scénarios anciens, tels que la relation initiale mère-enfant et père-enfant. Elle recherchera la reproduction de modèles de la génération précédente et parfois reconstituera un schéma généalogique qui décrira l'histoire de la famille en remontant plusieurs générations.

Il est important que les valeurs de base du psychothérapeute ainsi que la relation établie conviennent à la famille cliente.

La thérapie familiale est une approche complexe qui nécessite de la part du thérapeute une formation de base en sciences humaines ainsi qu'une formation spécialisée accompagnée d'un bon nombre d'heures de supervision. Les membres de l'Association des thérapeutes conjugaux et familiaux du Québec, les travailleurs sociaux et les psychologues spécialisés dans ce domaine ont la formation requise pour exercer ce métier.

Le choix d'un psychothérapeute se fait soit en questionnant plusieurs personnes pour connaître leur formation, leur expérience et évaluer la possibilité de créer une relation positive avec l'une d'entre elles, soit en se fiant à une référence reçue d'une personne de confiance.

Le Centre local de services communautaires (CLSC) ou centres médico-sociaux peut offrir des services gratuits dans la recherche d'un psychothérapeute.

Des psychologues et des membres de l'Association des thérapeutes conjugaux et familiaux du Québec et de la Corporation des travailleurs sociaux dont les coordonnées apparaissent dans ce livre peuvent être contactés par téléphone.

La consultation d'un autre thérapeute est toujours possible, si la première entrevue a été insatisfaisante.

Contre-indications

La thérapie familiale est une méthode active qui convient aux familles dont les membres sont plutôt sains psychologiquement. Si un membre de la famille souffre de dépression profonde, de psychose ou d'une maladie grave incurable, commencer par une approche individuelle est préférable pour en arriver graduellement à une thérapie familiale en invitant une ou plusieurs autres personnes aux entrevues.

Dans les cas de violence physique, verbale ou psychologique, alors que l'agresseur justifie son agression, il est de rigueur de soutenir la victime pour l'aider à récupérer l'estime d'elle-même et son autonomie. Si l'agresseur est prêt à modifier ses attitudes, le psychothérapeute l'accepte en thérapie, mais habituellement s'assure auparavant d'obtenir un engagement à demeurer non violent. Au premier acte d'agression, habituellement la thérapie familiale est interrompue pour être remplacée par une thérapie individuelle avec la «victime». L'agresseur est alors référé à d'autres services pour personnes violentes, que ce soit un homme ou une femme.

Comment se déroule la thérapie?

La prise de contact

Un professionnel prend le temps d'ouvrir un dossier, d'inscrire les coordonnées des membres de la famille et de noter les raisons de la demande de service. Le psychothérapeute explique les horaires, les délais et sa façon de travailler.

La première entrevue

La première entrevue sert principalement à établir une bonne relation avec chacun des membres de la famille. Par l'expression des émotions et des questions, le psychothérapeute identifie les problèmes et émet des hypothèses qu'il partage avec la famille. L'évaluation lui appartient.

Étapes difficiles

La thérapie familiale est un moyen de croissance et de choix, mais le travail sur soi et sur son fonctionnement en famille est exigeant et parfois douloureux. Colères, peines, douleurs profondes remontent à la surface et éclatent au grand jour. Passer au travers et se régénérer nécessitent de la patience envers soi-même et les siens, mais aussi de la confiance.

Prendre conscience d'erreurs, d'immaturité, être confronté à ses «points faibles», cela peut plonger la personne dans des émotions où se mêlent confusion et remises en question. Accepter de vivre ces états pour en émerger plus lucide exige un certain courage.

Résultats

Ces nettoyages permettent aux personnes de se comprendre et de se rapprocher avec une réelle affection. D'une façon générale, l'expérience d'une thérapie familiale marque en profondeur les personnes concernées. Venues pour régler des problèmes douloureux et urgents, elles se découvrent une meilleure façon d'entrer en relation avec les autres et... avec elles-mêmes, et sont accompagnées à cette fin. Elles se sentent davantage engagées envers leur famille et fières de cet accomplissement. En général, cette expérience apporte une ouverture du cœur et de l'esprit.

Il arrive que des conjoints, arrivés à la fin d'une thérapie, décident de se séparer. La thérapie leur permettra de le faire avec plus de respect et les aidera à entrer en médiation.

Durée

Une thérapie familiale à court terme pour rétablir un déséquilibre causé, par exemple, par un choc, une crise conjugale ou le décrochage scolaire d'un adolescent nécessite environ dix entrevues. Un changement important peut s'accomplir rapidement quand les personnes sont motivées et comprennent leur situation. L'important c'est l'intégration du changement: c'est pourquoi un suivi à raison d'une entrevue par mois pendant huit mois et parfois davantage permet d'intégrer les solutions qui favorisent le nouvel équilibre.

Un exemple

Monique Dumais et Philippe Lambert, âgés respectivement de 38 ans et de 42 ans, sont séparés depuis 6 ans. Leurs fils Olivier, 11 ans, et Maxime, 9 ans, acceptent plutôt bien la garde partagée et souple organisée par les deux parents. Depuis qu'il va à l'école, Olivier est rejeté par ses compagnons de classe et régulièrement les parents doivent rencontrer la direction de l'école à cause de l'agressivité non contrôlée d'Olivier. Plusieurs conversations tournant autour du divorce des parents n'ont pas donné de résultats tangibles.

L'agressivité d'Olivier se manifeste par des coups sans motif apparent et des paroles blessantes. Au cours des années, il est devenu le bouc émissaire de son école. Tous l'évitaient: «Tu pues», lui disait-on. Les parents bien intentionnés, bons éducateurs, cherchaient sans trouver la solution à leur problème.

En fait, pendant que tout un chacun se préoccupait de son sort, Olivier vivait dans son monde de sciences et de bandes dessinées. Rêveur, il n'entrait pas véritablement en communication avec aucun de ses parents ni avec son frère. Tous s'étaient accommodés de ce comportement, si bien qu'Olivier ne se rendait absolument pas compte de l'impact de ses taquineries sur les membres de sa famille, ni sur ses camarades.

L'intervention a consisté à amener chacun des parents à créer un véritable dialogue avec son fils. En effet, le père et la mère acceptaient sa façon de parler. Il ne regardait pas dans les yeux, faisait des récits sans s'assurer de l'intérêt des autres. Monique a pris chaque jour le temps de parler avec lui en s'assurant que le contact soit bien établi et qu'Olivier réponde intensément à la conversation. Philippe a compris que son fils vivait dans une bulle et l'a engagé à participer davantage à la vie familiale. Il s'est assuré qu'il y ait de la réciprocité en l'emmenant au chalet ramasser des feuilles avec lui, en faisant la vaisselle, etc.

Graduellement, Olivier s'est ouvert, a pris contact avec ses propres sentiments. Entré chez les scouts sans traîner sa réputation, il a d'emblée fait attention aux autres. Il est devenu un adolescent cérébral certes, mais vraiment charmant et agréable avec les autres. Ses idées originales font le régal de tous. Il a compris que ses gestes maladroits exprimaient ses émotions réprimées. En communiquant sincèrement, franchement au fur et à mesure, il obtenait de meilleurs résultats. Petit à petit, sa réputation s'est améliorée à l'école. Les parents ont dû tour à tour voir les enseignants pour s'assurer qu'ils soulignaient les progrès d'Olivier, ce qu'ils firent avec réticence au début. De son côté, Olivier s'est intégré bravement à l'équipe de hockey essuyant quelques revers, mais gagnant progressivement des points. En réalité, Olivier a fait un grand effort, mais tous ont contribué en modifiant leurs attitudes.

Cette psychothérapie illustre de quelle façon l'on peut utiliser l'approche familiale pour aider un jeune en difficulté. Engager les parents dans le processus de changement est l'un des gages de succès. En effet, les parents ont une présence active de plusieurs heures par semaine. En participant à la psychothérapie, ils deviennent un multiplicateur de l'intervention du psychothérapeute. De plus, la remise en question de leurs attitudes devient une évidence. Ils prouvent que leur enfant peut évoluer dans la mesure où eux-mêmes effectueront des changements en profondeur, habituellement sur le plan du mode de communication.

Les problèmes des jeunes indiquent ceux de la famille. La thérapie familiale peut rééquilibrer les parents et les enfants.

Particulièrement dans les familles dans lesquelles les parents ont favorisé le développement d'enfants-rois, la thérapie familiale peut aider à restaurer une autorité parentale équilibrée.

Conclusion
Ces nouveaux
Parents entraîneurs

▶ L ES PARENTS qui ont intégré l'approche du *Parent entraîneur* par une formation de deux mois, à raison d'un cours
de deux heures par semaine, développent un ensemble
d'attitudes qui paraît être une ouverture du cœur et de l'esprit.

Ils apprécient avoir des points de repère intelligents tels que
l'autonomie comme but de l'éducation, ainsi que le triangle:

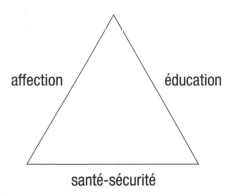

affection   éducation

santé-sécurité

Les trois besoins essentiels des enfants

La réponse aux besoins fondamentaux donne immédiatement un sentiment de sécurité lorsqu'une intervention est à faire:
les parents savent davantage quelle demande formuler à l'enfant
ou à l'adolescent, pourquoi ils doivent la faire et comment le
faire. Ils supportent avec plus de sérénité la tension générée lorsqu'un encadrement plus précis doit être imposé à un enfant plus

jeune. Le doute sur leurs méthodes d'éducation s'estompe pour faire place à un climat de confiance.

Ils découvrent que leurs enfants sont plus près d'eux lorsqu'ils sont fermes, mais sans abus, qu'à l'époque où ils étaient permissifs dans l'espoir secret d'être aimés. Les enfants sont affectueux et reconnaissants envers des parents qui, selon leur propre expression, les «élèvent bien».

De plus, ils cherchent à se renseigner avec précision sur les étapes de développement de l'enfant. Ils lisent sur le sujet et appliquent avec discernement les connaissances acquises. Ils savent doser les consignes pour tenir compte du développement de l'enfant.

Ces nouveaux *Parents entraîneurs*, formés en association depuis novembre 1993, désirent s'insérer positivement dans leur milieu social. Rassurés sur l'importance de leur rôle, conscients et fiers de bien remplir leurs différentes fonctions, ces parents désirent améliorer le milieu social pour leurs enfants.

Ils sont particulièrement préoccupés par le problème de la violence dans les rues et surtout dans les écoles, même celles de milieux favorisés. Conscients que l'absence de valeurs positives véhiculées crée un vide, ils mettent sur pied des activités sociales sportives et culturelles. Par exemple, le théâtre d'improvisation, le basket-ball et toutes les activités parascolaires offertes par l'établissement. De cette façon, les enfants ne sont pas indûment attirés par la violence et la drogue.

Le manque de confiance en soi, la dévalorisation par les intervenants et la passivité des adultes responsables d'enfants font que les maillons essentiels de la société sont affaiblis. Les *Parents entraîneurs* sont prêts à réagir vivement et énergiquement. Par des prises de parole, des articles sur la vie à l'école ou dans le quartier et des actions concertées avec les enseignants et des animateurs de loisirs, ils veulent envahir la place publique, solides et fiers de ce qu'ils ont apporté à leurs enfants ainsi qu'à tous les jeunes de leur milieu.

Ces nouveaux *Parents entraîneurs* ont entrepris un travail sur eux-mêmes ainsi qu'une recherche philosophique et spirituelle sur la façon de choisir les valeurs à proposer à leurs enfants. Capables de se remettre en question, ce ne sont pas des fanatiques d'une idéologie. Humanistes dans l'âme, ils recherchent un art de vivre qui favorise le développement physique, intellectuel, affectif et social. Les valeurs recherchées reposent sur notre tradition spirituelle et sociale et sur une ouverture sur le monde de demain dans lequel leurs enfants feront leur vie.

Par la prière, la méditation, la lecture de penseurs, un intérêt soutenu pour l'actualité, ils développent une perception du beau et du bon et sont prêts à en faire bénéficier leurs descendants.

Par-dessus tout, ils développent une vie intérieure en contact constant avec leurs sentiments et leurs intuitions. Cette intériorité leur permet une grande intimité avec eux-mêmes et par conséquent avec leurs enfants.

Annexe

Utilisation du modèle du *Parent entraîneur* par les professionnels

L'APPROCHE du *Parent entraîneur* a été conçue pour donner un cadre de référence et un modèle d'intervention à des parents et des psychothérapeutes familiaux. Cette approche peut s'incorporer aux méthodes utilisées par les intervenants au niveau de l'information, de l'éducation, de l'évaluation ou de l'intervention. Cette approche peut être utilisée individuellement, en famille, en groupe.

Bases théoriques

Une nouvelle définition du rôle de parent... «juste milieu», un modèle ancien servi à la sauce moderne et adapté aux besoins du parent et de l'enfant d'aujourd'hui.

Le modèle du *Parent entraîneur* s'est avant tout bâti sur un mode intuitif par la critique des autres méthodes d'éducation. Ces méthodes ne m'outillaient pas suffisamment pour m'aider à traiter les cas difficiles et fonctionner efficacement avec les réalités auxquelles j'ai eu à faire face comme travailleuse sociale, dans un centre hospitalier psychiatrique pour enfants et adolescents.

Ne voulant plus de l'autoritarisme de la génération qui me précède et ne pouvant appliquer entièrement la souplesse permissive des nouvelles théories sur l'éducation de l'enfant, j'ai dû, seule, trouver le juste milieu et travailler à me bâtir des instruments.

Pouvais-je laisser Gilles défoncer la porte de sa classe et blesser son professeur sous prétexte de le comprendre? Non, j'ai choisi d'arrêter sa façon d'agir physique et de le rencontrer plusieurs fois par semaine, pour lui manifester de l'affection, de l'intérêt et tenter de lui expliquer ce que j'attendais de lui. Peu à peu, il a appris à se maîtriser.

À force d'observer mes comportements et celui de parents dont les interventions étaient fermes, précises, empreintes d'affection et qui avaient des effets positifs, j'en ai déduit que l'activité parentale avait un but: l'autonomie heureuse, c'est-à-dire la capacité de prendre la responsabilité de soi-même et de sa vie, et la transmission des valeurs.

Au fil de mes conférences et de mes psychothérapies, je réalise que l'approche du *Parent entraîneur* est une façon de contribuer au mieux-être général dans les différents milieux de vie. Le parent, la personne la plus importante dans l'éducation de l'enfant, y trouve une réponse appropriée à son besoin de soutien.

Sources de la théorie du *Parent entraîneur*

Voici les principales bases de cette méthode d'éducation qu'on peut approfondir en se référant aux auteurs mentionnés dans la bibliographie. J'ai été fortement influencée par la théorie des systèmes, et le principe de la méthode du *Parent entraîneur* en découle directement.

Nous avons observé des liens entre certains styles de parents et certains développements d'enfants. Leurs interactions affectent leurs sentiments, leurs attitudes, leurs comportements et surtout, leur développement. Les familles maintiennent leur équilibre, et particulièrement dans les familles dites pathologiques, à cause de cet équilibre néfaste, les gens ont de la difficulté à changer leurs comportements.

L'approche systémique nous permet aussi de faire des liens entre le mode de fonctionnement de la société globale et l'évolution de la famille. L'analyse des différents problèmes sociaux, en particulier ceux liés à la pauvreté, à la drogue, à la distance, à la froideur relationnelle, affective ou au vide spirituel, est intimement utilisée dans cette approche.

Un deuxième groupe d'influence me vient de la psychologie humaniste, en particulier celle de Carl Rogers qui a développé une approche positive rafraîchissante. Cette conviction profonde qu'être à l'écoute du client d'une façon empathique lui donne les chances de prendre en main sa croissance personnelle. J'ai pu ainsi sortir du cadre de la pathologie pour enfin pouvoir regarder la personne avec ses capacités et voir que, dans des conditions favorables, elle peut grandir.

L'œuvre d'Abraham Maslow a achevé de me convaincre en ce sens. Comme la plupart des spécialistes des sciences humaines, j'ai pris connaissance avec beaucoup d'intérêt des degrés de besoins et, en particulier, du besoin de réalisation de soi acquis lorsque les besoins économiques et psychologiques sont satisfaits.

Les fondements de l'approche du *Parent entraîneur* ont, en quatrième lieu, des racines dans la théorie de l'amour d'Erich Fromm[9], qu'il définit: «L'amour consiste en une attitude, une orientation du caractère en vertu de laquelle la personne se sent reliée au monde comme un tout. Si j'aime véritablement une personne, j'aime toutes les autres, j'aime le monde, j'aime la vie. Si je puis dire à quelqu'un: "Je t'aime", je dois être capable de dire: "En toi j'aime chacun, à travers toi, j'aime le monde, en toi, je m'aime également".» L'auteur nous apprend aussi comment nous nous empêchons d'apprendre à aimer en restant bloqués à différents stades de développement. Il décrit admirablement comment nous pouvons échapper à l'amour en cherchant des solutions partielles, soit les états orgiaques, soit le conformisme ou le travail

---

9. FROMM, Erich. *L'art d'aimer,* Paris, Éditions de L'Épi, 1968, 157 pages.

créateur. Il nous indique aussi comment sortir de formes pathologiques lorsque persiste l'attachement au père ou à la mère.

Je me réfère aussi régulièrement à un ouvrage intitulé: *Les enfants du Verseau*, de Marilyn Ferguson[10]. Sur le plan des valeurs,
j'adhère à «la transformation intérieure». L'aboutissement de cette
démarche devrait nous amener à «la conspiration», c'est-à-dire à
l'effort collectif dirigé vers la transformation de soi et la transformation de la société pour un milieu de vie plus humain. «Si
l'esprit peut guérir et transformer, nous dit Marilyn Ferguson,
pourquoi les esprits ne pourraient-ils pas s'unir pour guérir et
transformer la société?»

«Le *Parent entraîneur*» est une résultante, une intégration des
approches humaniste et systémique. L'application de ce modèle
se fait en tenant compte d'un code d'éthique qui repose sur le
respect des personnes. Ce qui sous-entend la croyance que tout
humain peut croître. Le *Parent entraîneur* propose une conception
du développement total, autant des enfants que des adultes, sur
tous les plans: physique, affectif, intellectuel, spirituel et social.
L'un des traits de l'épanouissement étant la créativité et la réalisation de soi. C'est avec discernement que ce modèle s'applique.

Il peut être utile à deux types d'intervenants: les psychothérapeutes et les éducateurs.

Utilisation par les psychothérapeutes

Voici comment j'applique en évaluation et en psychothérapie
familiale, l'approche du *Parent entraîneur*. C'est une façon de cerner la fonction parentale d'une personne et de l'amener graduellement à s'améliorer.

10. FERGUSON, Marilyn. *Les enfants du Verseau*, Paris, Éditions Calmann-
Lévy, 1984, 338 pages.

L'évaluation de la fonction parentale

Certains parents, qu'ils soient débonnaires ou absents, surprotègent ou négligent leurs enfants. À partir du schéma santé-sécurité, affection, éducation, il est possible de percevoir les zones où le parent est efficace et celles où se manifestent des carences.

1. **Évaluation de la santé et de la sécurité**
   - Compte tenu de l'âge de l'enfant, les soins sont-ils prodigués?
   - Le suivi est-il constant? Les examens médicaux et dentaires sont-ils faits?
   - Si l'enfant a des problèmes spéciaux: vision, audition, neurologie, etc., les examens sont-ils faits régulièrement?
   - La nourriture est-elle saine?
   - L'hygiène corporelle et celle du lieu d'habitation sont-elles suffisantes et convenables?
   - Les normes habituelles de sécurité sont-elles suivies?

2. **Évaluation de l'affection**
   - L'enfant a-t-il été désiré?
   - Est-il source de bonheur pour le parent?
   - Sa présence le confronte-t-il à des scénarios de vie difficiles?
   - Lui manifeste-t-on spontanément de l'affection par des gestes, des caresses et des paroles encourageantes?
   - L'enfant ou l'adolescent paraît-il en sécurité?
   - Son parent décode-t-il ses sentiments au travers de son comportement?
   - Utilise-t-il un rejet possible comme contrôle de son comportement?

3. **Évaluation de l'éducation**
   - Cette dimension est-elle favorisée par le parent?
   - Quelles sont ses activités éducatives?

- Vit-il l'autonomie à chaque niveau de développement?
- Est-il trop exigeant ou, au contraire, le laisser-faire est-il la règle?
- Le parent est-il conscient des valeurs qu'il veut transmettre?
- Quelles méthodes d'éducation utilise-t-il pour enseigner la propreté, la politesse, la bonne entente?
- Favorise-t-il les travaux scolaires? De quelle façon?

Les questionnaires contenus dans cet ouvrage sont des outils utiles pour aider les parents à prendre conscience de leur style. Habituellement, ils font des prises de conscience, des observations.

L'évaluation globale

Ces données doivent s'intégrer comme complément à l'intérieur de l'acte professionnel de votre discipline et ne constituent pas les résultats de tests normalisés.

Le plan d'intervention

À partir de la méthodologie d'une relation d'aide avec les parents qui appartient à votre profession, vous proposez des changements à l'intérieur des zones faibles. L'idéal est d'établir avec le parent un contrat auquel il participe activement.

Ce sont là des exemples de questions, et non un inventaire détaillé.

Santé-sécurité
- Doit-on revoir l'alimentation de l'enfant pour l'amener à être plus calme?
- Un horaire plus précis est-il nécessaire pour remettre plus de concentration à l'école pour cet adolescent?
- L'abstinence de drogue et d'alcool est-elle une condition pour continuer la cohabitation avec le jeune adulte?

Affection

- Ce parent et cet enfant ont-ils intérêt à comprendre les sentiments qu'ils ont éprouvés durant les premiers jours de leur vie commune pour mieux dialoguer?
- Cette maman doit-elle remettre en question les mauvais traitements reçus étant petite fille pour ne pas répéter les mêmes gestes?
- Être un «nouveau père» au moment des repas et du bain met-il en branle beaucoup de mécanismes d'adaptation?
- L'enfant capte-t-il l'intérêt et les marques d'affection qu'on lui manifeste?
- L'enfant s'aime-t-il lui-même?
- A-t-il du plaisir à vivre?
- Comment établir une relation profonde avec lui?

Par l'utilisation de son propre modèle de traitement, le psychothérapeute peut intégrer ces processus dynamiques.

Éducation

Comment amener le parent à conduire ses enfants vers une plus grande autonomie? En l'informant et en établissant avec lui des objectifs précis conformes aux valeurs identifiées ensemble. L'utilisation du programme individualisé tel que préconisé dans cet ouvrage est un instrument qui favorise un encadrement. Un enfant ou un adolescent bien encadré développe un sentiment de sécurité et, contrairement aux idées reçues, est plus heureux et plus proche de ses parents. Soutenir le parent dans ce type de démarche parfois difficile pour lui a un effet thérapeutique pour l'ensemble de la famille.

L'intervention

Une fois cernées les forces aussi bien que les faiblesses des parents en relation avec les problèmes des enfants, j'applique les principes du court terme planifié.

Je reconnais les forces des parents. Exemple: la patience, la générosité, la propreté.

Rapidement, je regarde avec eux leurs difficultés. Exemple: ils ne montrent pas d'affection, refusent de dialoguer, établissent des règlements rigides, sont incohérents.

Je regarde les difficultés des enfants avec eux. Exemple: tristesse, agressivité, prédélinquance, rivalité fraternelle, rejet d'un parent.

Ensemble, nous dressons un plan pour rééquilibrer la famille. Exemple: améliorer la communication. Chacun s'exprime à fond, les autres écoutent et font part de leurs réactions.

Je veille à ce que chacun puisse s'exprimer lors d'une autre étape. Nous regardons comment résoudre les principaux problèmes. Exemple: communication agressive.

Généralement, la psychothérapie dure dix semaines.

Le suivi

J'accorde beaucoup d'importance au suivi.

Amener des familles motivées à effectuer un changement est relativement facile. En un mois ou deux, on peut observer une amélioration considérable de la situation. Mais maintenir des changements jusqu'à ce qu'ils deviennent un mode de vie et une occasion de croissance personnelle demande un plus grand effort. C'est le pourquoi des entrevues où l'on identifie les attitudes qui apportent le plus d'équilibre à la famille et aux personnes qui la composent. Je renforce la structure du système familial et permets aux individus de développer de la force personnelle. Cette force favorise une meilleure façon d'interagir dans la famille et dans les réseaux environnants.

Le résultat

On peut dire qu'une intervention est réussie lorsque les personnes de la famille ont cessé de se sentir coincées, puisqu'elles ne prennent plus de positions extrêmes pour s'affirmer, pour compenser les excès et que la communication est devenue simple et directe. Les membres de cette famille respirent bien, sont joyeux et pleins d'énergie.

Utilisation par les éducateurs

Cette approche est utile aux enseignants, psychoéducateurs, éducateurs, travailleurs en garderie, maisons de la famille, familles d'accueil… enfin, à toute personne œuvrant auprès des jeunes et de leur famille.

Dans leur plan de travail ou d'intervention auprès de l'enfant et de l'adolescent, comme éducateur, la qualité de la présence tient à la capacité de répondre aux besoins de santé-sécurité, affection et éducation.

Identifier les besoins spécifiques de l'enfant permet d'atteindre les objectifs d'une bonne intervention.

L'éducateur peut découvrir son style en répondant aux questions: est-il débonnaire, autoritaire ou entraîneur? Lui arrive-t-il d'être absent ou abusif?

En connaissant bien sa façon d'être, ses forces, ses faiblesses, il est plus facile d'amener le parent à participer. Souvent, des enseignants ou des gardiens doivent aider le parent à mieux se situer et à améliorer leur réponse aux besoins.

L'enseignant de Sonia, 7 ans, souhaite plus d'engagement de la part des parents de celle-ci. Il pense que Sonia reçoit tous les soins et toute l'affection dont elle a besoin, mais elle lui paraît gâtée. Elle aurait besoin d'être encouragée à étudier davantage à la maison. Il serait facile de dire d'emblée aux parents qu'il reconnaît toutes les attentions prodiguées à leur fille, mais qu'il pense qu'elle pourrait faire plus d'efforts, montrer son intelligence et, surtout, donner sa pleine mesure sans exagération.

Parfois, l'éducateur qui travaille en garderie ou en centre d'accueil comprend que certains enfants sont négligés. Les outils proposés dans cet ouvrage permettent de faire une évaluation, une intervention et de donner une référence, si c'est nécessaire.

L'intervention auprès du parent suppose que l'on a bien identifié le style du parent – voir le thermomètre, page 73 – et les endroits où il y a des manques – santé-sécurité, affection, éducation. Alors, on peut s'appuyer sur ces balises pour discuter avec le parent.

Il arrive que les efforts restent vains ou que des problèmes graves persistent. Il peut alors être nécessaire de recommander de contacter un service spécialisé. L'éducateur qui respecte l'enfant et sa famille demeure à l'écoute de ceux-ci jusqu'à ce que le service spécialisé puisse s'en occuper.

Exercices

Le questionnaire comme outil d'intervention

À l'intention des intervenants

1. Le questionnaire présenté au début de ce livre est utile lors d'une rencontre sur les relations parents-enfants. Il amène le parent à s'évaluer.

Lorsque je donne une formation à des parents très perturbés, je leur fais remplir le questionnaire en fin de session, afin qu'ils puissent mesurer leurs progrès et non la gravité de leurs difficultés au départ.

Le thermomètre de la page 73 permet de situer le *Parent entraîneur* pour trouver le juste milieu. Connaissant maintenant les attitudes des autres types parentaux, on peut éviter des excès. Parfois, le *Parent entraîneur* a des moments où il devient débonnaire parce qu'il est fatigué ou qu'il doute de lui-même. Il est trop compréhensif, se laisse manipuler, n'exige pas suffisamment de ses enfants et s'apitoie sur leur sort. À d'autres moments, il peut devenir autoritaire, par impatience ou par manque de jugement. Il est possible, par exemple, qu'il soit trop exigeant envers un adolescent épuisé par une période de croissance rapide. Ces variations sont relativement normales. L'important, c'est d'être capable d'en sortir. Il est possible aussi que le *Parent entraîneur*, à l'occasion, «perde les pédales» et tienne des propos abusifs: «Tu finiras comme ton grand-père, violent, agressif, orgueilleux.» Cela est de la cruauté mentale. Mais il sait s'excuser et rétablir l'équilibre.

2. Lorsque je travaille avec des parents qui présentent de graves difficultés, j'utilise des portraits pour les rendre un peu plus conscients des conséquences de leurs gestes et graduellement encourager leurs progrès.

3. Lorsque je travaille avec des parents qui recherchent un soutien, je les rassure en leur disant qu'il est normal d'osciller occasionnellement entre l'attitude de *Parent entraîneur* et celle de parent débonnaire et autoritaire. Je les amène à regarder leur comportement à partir des descriptions présentées.

4. Lorsque je fais une évaluation et une intervention, il est utile de savoir lequel des deux parents est le parent affectif ou le parent éducatif. J'apporte alors un soutien encourageant le développement de leurs qualités et le respect de celles de l'autre.

Dès les premières interventions, j'apprends aux parents à collaborer dans leurs rôles complémentaires.

5. Lorsque je travaille avec des parents en difficulté, je les aide à résoudre les problèmes avec les personnes faisant partie de leur réseau.

6. J'amène les parents en difficulté, dans la mesure du possible, à me décrire la présente étape de développement de leur enfant et je tente de les faire parler de ce que cela peut leur demander de compréhension et d'intervention.

7. J'offre un soutien et des solutions aux personnes qui se sentent en difficulté. Je les fais parler des caractéristiques de leur famille et des relations avec les personnes présentes dans leur vie.

8. Je détermine à quelle étape le jeune dont je m'occupe en est. J'offre au parent l'information sur cette phase et je cherche des moyens concrets de l'accompagner.

Remerciements

PENDANT LES CINQ ANNÉES que j'ai consacrées à la rédaction de ce livre, j'ai reçu beaucoup de soutien et d'encouragement.

Je tiens à souligner que l'idée du *Parent entraîneur* a d'abord été mise en valeur par Louise B. Tardif qui, en 1988, était coordonnatrice de l'émission *Au Jour le jour* télédiffusée à Radio-Canada.

Sans le talent exceptionnel d'Édith Sabourin, ce texte corrigé et mis en pages de nombreuses fois n'aurait pas une aussi bonne qualité.

Des remerciements spéciaux vont à Raymonde Patenaude, associée de Compu-Texte, qui a déchiffré mes premiers brouillons.

Je suis touchée que plusieurs familles aient accepté que leurs démarches servent d'exemples. Qu'elles reçoivent mes sentiments d'estime et de respect.

J'ai hautement apprécié les conseils professionnels de Micheline Roy-Bournival, Sheryl Gaudet, m.s.s., t.s., Monique Jannard, m.s.s., t.s., Estelle Chamberland, Ph.D, Michel Saint-Pierre M.A.Éd. et Philippe Robert de Massy, avocat à la Commission des droits de la personne.

Ma reconnaissance va aussi à l'Ordre professionnel des travailleurs sociaux du Québec, spécialement à René Pagé, directeur général et Céline Mercier, attachée de direction et responsable des communications, pour leur collaboration chaleureuse à la diffusion de cet ouvrage.

Chaque année, les membres de l'Association des psychothérapeutes conjugaux et familiaux du Québec insistaient: «Parle-nous de ton livre.» Leur intérêt soutenu fut un baume pour les hauts et les bas de l'écriture.

Les parents fréquentant l'École de parents et l'Association des Parents entraîneurs, par leurs questions et leur cheminement m'ont permis d'approfondir les concepts et de créer un merveilleux tissu social.

Que dire de l'éditeur-conseil Jacques Lalanne, président d'Actualisation? Il fut exigeant et minutieux. J'ai grandement apprécié sa haute compétence dans la confection d'un ouvrage, principalement sur ce sujet.

Pour cette nouvelle édition, le travail de l'éditeur François Godin fut indispensable et fort apprécié.

Depuis plusieurs années et à titre de journaliste et d'animatrice d'émissions sociofamiliales, Louise DesChâtelets a encouragé le développement du *Parent entraîneur* en m'interviewant régulièrement et en préfaçant cette troisième édition.

Mes remerciements s'adressent aussi à Gary Caldwell, sociologue spécialiste de la culture publique commune, qui, depuis 1993, soutient l'ensemble des activités du *Parent entraîneur*. Il a assuré la préface et la version anglaise publiées en 2004.

Depuis longtemps, je souhaitais comme illustration de couverture un tableau de Nicole Tremblay, une merveilleuse artiste de Belœil. Pour les éditions anglaise et française de 2004, l'éditeur a rendu possible l'impression de *L'Esprit transmis*.

De tout cœur, je remercie de leur confiance et leur soutien bénéfique ma famille et mes amis de France et d'ici.

Liste d'associations professionnelles

Association canadienne des travailleuses et travailleurs sociaux
383, avenue Parkdale, bureau 402
Ottawa (Ontario) K1Y 4R4
Tél.: (613) 729-6668 Téléc.: (613) 729-9608
Courriel: casw@casw-acts.ca
Site Internet: www.casw-acts.ca

Ordre professionnel des travailleurs sociaux du Québec
255, boul. Crémazie Est, bureau 520
Montréal (Québec) H2M 1M2
Tél.: (514) 731-3925 Téléc.: (514) 731-6785
Courriel: info.general@optsq.org
Site Internet: www.optsq.org

Association des travailleurs sociaux du Nouveau-Brunswick
C. P. 1533, Succursale A
Fredericton (Nouveau-Brunswick) E3B 5G2
Tél.: (506) 459-5595 Téléc.: (506) 457-1421
Courriel: nbasw.atsnb@nbasw-atsnb.ca
Site Internet: www.nbasw-atsnb.ca

**Association des thérapeutes conjugaux
et familiaux du Québec**
C.P. 76042, C.P. Mascouche
(Québec) J7K 3N9
Tél. et Téléc.: (450) 966-8000
Courriel: secretariat@apcfq.qc.ca
Site Internet: www.apcfq.qc.ca
et www.apcfq.qc.ca/parentraineur.htm

Pour toute demande de renseignements sur les conférences, les cours, la formation professionnelle et les psychothérapies individuelle, de couple et de famille, communiquez avec l'auteure:

Claire Leduc

213, boul. Richelieu
Saint-Basile-le-Grand (Québec) J3N 1M4
Tél.: 450-653-5473
Téléc.: 450-653-2534
Courriel: parentraineur@qc.aira.com
Sites Internet: www.apcfq.qc.ca/parentraineur.htm
www.PetitMonde.com
Courrier du *Parent entraîneur*

Bibliographie à l'intention des parents

Articles de revues et de journaux

COLLARD, Nathalie. «Doit-on croire les livres?» *La Presse,* Montréal, 13 juillet 2003.

GALIPEAU, Silvia. «À l'école des parents», Cahier «Actuel», *La Presse,* Montréal, 25 septembre 2003.

GRÉGOIRE, Isabelle. «L'école des parents», revue *Châtelaine,* Montréal, décembre 2002, p. 59 à 64. Nos valeurs, celles qui nous habitent, celles qu'on veut transmettre.

Livres

ALVINO, James. *Parent's Guide to Raising a Gifted Toddler,* Little, Brown and Company Publishers, 1989, 288 pages.

BACH, Dr George R. et TORBET, Laura. *Manifester son affection, De la solitude à l'amour,* Montréal, Éditions Le Jour, Actualisation, 1984, 489 pages.

BÉLANGER, Robert. *Vinaigre ou miel, comment éduquer son enfant,* Ottawa, Éditions Robert Bélanger, 1974, 354 pages.

BÉLANGER, Robert. *Parents d'adolescents,* Ottawa, Éditions Robert Bélanger, 1981, 317 pages.

BÉLANGER, Robert. *La jalousie entre frères et sœurs,* Ottawa, Éditions Robert Bélanger, 1984, 143 pages.

BÉLANGER, Robert. *Parent en perte d'autorité,* Ottawa, Éditions Robert Bélanger, 1987, 143 pages.

BIONDI, Jeannette. *Uniques au monde,* Montréal, Éditions Le Jour, 1990, 139 pages.

BLOOMFIELD, Harold et FELDER, Leonard. *Making Peace with your Parents,* New York, Ballantine, 1985, 220 pages.

CORKILLE-BRIGGS, Dorothy. *Être soi-même,* Montréal, Les Éditions de L'Homme, 1979, 270 pages.

DESLAURIERS, Gilles. *Ce que les adolescents ne disent pas,* Montréal, Éditions Libre Expression, 1985, 136 pages.

DODSON, Fitzhugh. *Tout se joue avant 6 ans,* Verviers, Éditions Marabout, collection Marabout, 1986, 316 pages.

FROMM, Erich. *L'Art d'aimer,* Paris, Éditions de l'Épi, 1968, 157 pages.

GIBRAN, Khalil. *Le prophète,* Belgique, Éditions Casterman, 1956, 95 pages.

GORDON, Thomas. *Parents efficaces, sans perdant,* Montréal, Éditions Le Jour, Actualisation, 1977, 353 pages.

GRANGER, Luc. *La communication dans le couple,* Montréal, Les Éditions de L'Homme, 1980, 162 pages.

KAUFMAN, Barry Neil. *Un miracle de l'amour ou La renaissance d'un enfant autistique,* Montréal, Éditions Le Jour, Actualisation, 1985, 219 pages.

KAUFMAN, Barry Neil. *Paroles de jeune,* Montréal, Éditions Le Jour, Actualisation, 1992.

LEDUC, Constance et de MASSY, Philippe-Robert. *Pour mieux vivre ensemble,* Éditions Modulo, 1988, 154 pages.

NICHOLSON, Luree et TORBET, Laura. *Parents gagnants / Agressivité créatrice dans la famille*, Montréal, Éditions Le Jour, Actualisation, 1983, 367 pages.

PARIS, Erna. *Les enfants de l'autre*, Montréal, Les Éditions de L'Homme, 1985, 310 pages.

PECK, Scott. *Le chemin le moins fréquenté,* Paris, Éditions Robert Laffont, 1987, 374 pages.

SPOCK, Benjamin. *Enfants et parents d'aujourd'hui*, Montréal, Éditions Québec-Amérique, 1976, 264 pages.

WHITAKER, Carl. *Midnight Musings of a Family Therapist*, Margaret O. Ryan (éd.), 1989, 233 pages.

Publications gouvernementales

BOISSONNEAULT, Monique. *L'enfant d'âge préscolaire, Guide de rencontres de parents sur la relation parent/enfant,* (document de travail), Québec, ministère de la Justice, 1983, 203 pages.

Ministère de la Justice, ministère de la Santé et des Services sociaux. *Tu as des droits, les autres aussi, Le système de justice pour adolescents,* Solliciteur général, 1987, 17 pages.

Documents audiovisuels

LEDUC, Claire. *Comme parent, découvrons notre style*, vidéo cassette VHS, Toronto, Entreprise Radio-Canada, 1988.

POIRIER, Anne-Claire, LEDUC, Claire et DANSEREAU, Mireille. *Famille et variation*, Long métrage, Montréal, ONF, 1977.

Bibliographie à l'intention des intervenants

Livres

ARTAUD, Gérard. *L'intervention éducative, Au-delà de l'autoritarisme et du laisser-faire,* Ottawa, Les Presses de l'Université d'Ottawa, 1989, 190 pages.

BACH, George R. et DEUTSCH, Ronald M. *Partenaires; pour une véritable intimité*, Montréal, Éditions Le Jour, Actualisation, 1981.

BACH, George R. et WYDEN, Peter. *Ennemis intimes*, Montréal, Éditions Le Jour, Actualisation, 1987.

BANDLER, Richard *et al. Changing with Families, A book about further education for being human,* Californie, Science and Behavior Books inc., 1976, 194 pages. (En français, Éd. France-Amérique).

BEMPORAD, Jules R. *Child Development in Normality and Psychopathology,* New York, Brunner-Mazel, 1980, 549 pages.

BERNSTEIN, Anne C. *Yours, Mine, and Ours: How Families Change When Remarried Parents Have a Child Together*, W.W. Norton & Company, 1989, 337 pages.

BESSELL, Harold, Ph.D. *Le développement socio-affectif de l'enfant*, Montréal, Éditions Actualisation, 1975, 251 pages.

Centre de consultation conjugale et sexuelle de Montréal. *La thérapie de couple dans une perspective systémique, approche interactionnelle,* Montréal, Éditions Bellarmin, 1986, 202 pages.

CHAMPAGNE-GILBERT, Maurice. *La famille et l'homme à délivrer du pouvoir*, Montréal, Éditions Leméac, 1980, 415 pages.

CHOMBART DE LAUWE, Marie-Josée *et al. Enfant en jeu,* Paris, Éditions du CNRS, 1976, 346 pages.

FERGUSON, Marilyn. *Les Enfants du Verseau*, Paris, Éditions Calmann-Lévy, 1981, 338 pages.

FISCH, R. *et al. Tactiques du changement, Thérapie et temps court,* Paris, Éditions du Seuil, 1986, 374 pages.

HALEY, Jay. *Problem-solving therapy*, New York, Harper Colophon Book, 1976, 275 pages.

HAYNES, John M. *Divorce mediation, A practical guide for therapists and counselors,* New York, Springer Publishing Company, 1981, 193 pages.

HOLLOWAY, Maureen et coll. *Individus, familles et sociétés,* traduit de l'anglais par Louise Drolet et François-Marie Gérin, Chenelière/McGraw-Hill, Montréal, Toronto, 2004, 527 pages.

KATZIL et STEINS. *Treating Step Families in Handbook of Family and Marital Therapy*, New York, Wolman and Stricker Plenumpress, 1983.

LACROIX, Jean-Luc. *L'individu, sa famille et son réseau, Les thérapies familiales systémiques,* Paris, Éditions E.S.F., 1990, 191 pages.

LAING, R. D. et ESTERSON, A. *L'équilibre mental, la folie et la famille*, Outremont, Éditions L'Étincelle, 1973, 220 pages.

LAURENT-BOYER, Lisette. *La médiation familiale*, sous la direction de Lisette Laurent-Boyer, Paris, Bayard Éditions, Travail social, 1993, 266 pages.

MASLOW, Abraham. H. *Motivation and Personality,* New York, Harper & Row, 2ᵉ éd., 1970, 369 pages.

MIERMONT, Jacques. *Dictionnaire des thérapies familiales, théories et pratiques,* Paris, Éditions Payot, 1987, 638 pages.

MILLER, Alice. *La connaissance interdite*, Paris, Éditions Aubier, 1990, 246 pages.

MINUCHIN, Salvator. *Familles en thérapie*, Montréal, Éditions France-Amérique, 1979, 281 pages.

MYERS, Gail E. et MYERS, Michele Tolela. *Les bases de la communication interpersonnelle*, Montréal, McGraw-Hill, 1984, 470 pages.

NAISBITT, John. *Les dix commandements de l'avenir,* Paris/Montréal, Sand, Primeur, 1984, 347 pages.

PELSER, Robert. *Manuel de psychologie de l'enfant et de l'adolescent*, Boucherville, Éditions Gaëtan Morin, 1989, 519 pages.

REDL, Fritz et WINEMAN, David. *L'enfant agressif, Le moi désorganisé,* Paris, Éditions Fleurus, 1971, 311 pages.

ROGERS, Carl. *Réinventer le couple*, Paris, Éditions Robert Laffont, 1972, 345 pages.

SAINT-ARNAUD, Yves. *Devenir autonome, Créer son propre modèle*, Montréal, Éditions Le Jour, 1983, 328 pages.

SATIR, Virginia. *Thérapie du couple et de la famille, Thérapie familiale,* Paris, Éditions de L'Épi, 1971, 251 pages.

SATIR, Virginia. *Peoplemaking*, Californie, Science and Behavior Books inc., 1972, 304 pages.

SATIR, Virginia. *Pour retrouver l'harmonie familiale*, Montréal, Éditions France-Amérique, 1980.

SZABO, Denis *et al. L'adolescent et la société,* Bruxelles, Éditions Charles Dessart, 1972, 332 pages.

WRIGHT, John, Ph.D. et SABOURIN, Stéphane, Ph.D.. *L'intervention auprès du couple, diagnostic et traitement,* Montréal, Éditions Consultaction, 1985, 196 pages.

Publications gouvernementales

BATSHAW, Manuel G. *Rapport du comité d'étude sur la réadaptation des enfants et adolescents placés en centre d'accueil*, Montréal, minis-tère des Affaires sociales, Direction des communications, 1976, 171 pages.

WELLS, Mary. *L'exploitation sexuelle des enfants et la législation canadienne,* Ottawa, Gouvernement du Canada, ministère de la Justice, 1989, 121 pages.

Articles de revues

LEDUC, Claire. «Le Parent entraîneur», *Acte du 6ᵉ congrès de l'A. T.C.F.Q.*, octobre 1990.

CLAWAR, Stanley S. «Popular and professional Misconception about Joint Custody», *Conciliation Courts Review*, vol. 21, n°2, décembre 1983.

ELKIN, Meyer. «Joint custody: affirming that parents and families are forever», *Social Work,* vol. 32, n°1, 1987.

En collaboration. Revue, Familles recomposées après divorce, *Service social,* vol. 39, n°3, 1990, 182 pages.

Documents audiovisuels

LEDUC, Claire. *Comme parent, découvrons notre style*, vidéo cassette VHS, Toronto, Entreprise Radio-Canada, 1988.

POIRIER, Anne-Claire, LEDUC, Claire et DANSEREAU, Mireille. *Famille et variation*, Long métrage, Montréal, ONF, 1977.

Autres références

Commission CELDIC. *Un million d'enfants*, Toronto, Éditions Léonard Crainford, 1970, 573 pages.

CÔTÉ, Raoul Ph.D. *La discipline par l'affirmation de soi,* Université du Québec à Hull, S.D., 1992, 9 pages. Non publié.

RICHARD, Robert. *Portrait des relations parents/enfants*, 1986, 28 pages. Non publié.

Table des matières

Achevé d'imprimer au Canada
en août deux mille quatre